技工教育汽车类专业概论系列教材

汽车检测与维修专业概论

姜景德 主 编

孟凡福 邢振启 郭 腾 焦凤芹 副主编

人民交通出版社股份有限公司

北京

内 容 提 要

本书是技工教育汽车类专业概论系列教材之一,主要内容分为汽车检测与维修专业概述、汽车检测与维修专业人才培养概述、汽车检测与维修专业技术概述、汽车检测与维修专业学习成长规划四个项目。项目下又分若干个任务,每个任务包括任务目标、任务内容、活动场景、活动目标、活动计划、活动资源、活动展示、活动评价八个部分。

本书可作为技工类院校汽车类相关专业的概论教材,也可作为汽车类相关专业建设的参考书。

图书在版编目(CIP)数据

汽车检测与维修专业概论/姜景德主编. —北京:
人民交通出版社股份有限公司,2021.8
ISBN 978-7-114-17477-3

Ⅰ.①汽… Ⅱ.①姜… Ⅲ.①汽车—故障检测—概论
②汽车—车辆修理—概论 Ⅳ.①U472

中国版本图书馆 CIP 数据核字(2021)第 151611 号

Qiche Jiance yu Weixiu Zhuanye Gailun

书　　名:	汽车检测与维修专业概论
著 作 者:	姜景德
责任编辑:	郭　跃
责任校对:	孙国靖　卢　弦
责任印制:	张　凯
出版发行:	人民交通出版社股份有限公司
地　　址:	(100011)北京市朝阳区安定门外外馆斜街 3 号
网　　址:	http://www.ccpcl.com.cn
销售电话:	(010)59757973
总 经 销:	人民交通出版社股份有限公司发行部
经　　销:	各地新华书店
印　　刷:	北京虎彩文化传播有限公司
开　　本:	787×1092　1/16
印　　张:	9.5
字　　数:	150 千
版　　次:	2021 年 8 月　第 1 版
印　　次:	2021 年 8 月　第 1 次印刷
书　　号:	ISBN 978-7-114-17477-3
定　　价:	42.00 元

(有印刷、装订质量问题的图书由本公司负责调换)

前言

近年来,汽车行业迅猛发展,汽车产销量大幅增长。各职业院校根据市场需求,相继开设了汽车检测与维修专业。选择适用的教材,对于院校专业建设至关重要。技工教育汽车类专业概论系列教材是在各行业、企业技术专家的大力协助下编写而成。

本系列教材在编写过程中,采用职业院校大力推广的"基于工作过程的任务教学法"体例。项目规划科学,任务分解合理,利于教学过程中的讲解与活动组织。本系列教材依据现行业、企业与学校的实际情况进行编写,实现概论教学与专业课、专业基础课、文化基础课、企业实践无缝对接。

本书由山东交通技师学院姜景德担任主编,由孟凡福、邢振启、郭腾、焦凤芹担任副主编,姜景德和邢振启负责统稿。书中共有四个项目,项目一由邢振启编写,项目二任务一、二由刘新新编写,项目二任务三和项目四任务二至任务四由张民、陈浩源、刘新新、陈静共同编写,项目二任务四由郭腾、汲同庆编写,项目三任务一由孟凡福编写,项目三任务二至任务八由刘素奎、周爱东、陈静编写,项目三任务九至任务十二由焦凤芹、郭腾编写,项目三任务十三和项目四任务一由冷宗峰编写,项目三任务十四由张英华编写。

限于编者水平,书中难免有疏漏和错误之处,恳请广大读者提出宝贵建议,以便进一步修改和完善。

编 者
2021 年 5 月

目录

项目一　汽车检测与维修专业概述 ··· 1
　　任务一　了解汽车检测与维修专业发展背景 ··························· 1
　　任务二　知道汽车检测与维修专业发展现状 ··························· 7
　　任务三　了解汽车检测与维修专业发展趋势 ·························· 10

项目二　汽车检测与维修专业人才培养概述 ·································· 18
　　任务一　认识工作岗位 ·· 18
　　任务二　知道能力需求 ·· 25
　　任务三　汽车检测与维修专业课程设置概述 ·························· 27
　　任务四　熟悉保障措施 ·· 35

项目三　汽车检测与维修专业技术概述 ··· 41
　　任务一　认识汽车 ·· 41
　　任务二　曲柄连杆机构 ·· 50
　　任务三　配气机构 ·· 54
　　任务四　燃料供给系统 ·· 59
　　任务五　起动系统 ·· 65
　　任务六　点火系统 ·· 68
　　任务七　润滑系统 ·· 74
　　任务八　冷却系统 ·· 78
　　任务九　传动系统 ·· 85
　　任务十　转向系统 ·· 91
　　任务十一　制动系统 ·· 96
　　任务十二　行驶系统 ·· 100

任务十三　汽车车身及附件 …………………………………………… 105
　　任务十四　认识汽车电气设备 …………………………………………… 112

项目四　汽车检测与维修专业学习成长规划 ……………………………… 122
任务一　学习榜样 ……………………………………………………………… 122
任务二　认识学习成长规划 …………………………………………………… 128
任务三　知道学习成长规划过程 ……………………………………………… 133
任务四　撰写学习成长规划 …………………………………………………… 138

参考文献 ………………………………………………………………………… 145

项目一 汽车检测与维修专业概述

任务一　了解汽车检测与维修专业发展背景

任务目标

(1)能简单介绍汽车检测与维修专业发展背景。
(2)能简单介绍当地汽车维修企业大体情况。

任务内容

活动一:班级内部播报——"行业大事我来说"
活动二:"我家乡的车企"电子宣传图册制作

活动一:班级内部播报——"行业大事我来说"

随着科技的发展和汽车的迭代升级,我国汽车检测与维修行业几十年来不断完善,形成了遍布全国的服务网络,全国各地市大街小巷汽车检测点、维修站比比皆是。在学习之初,我们迫切地想要了解汽车检测与维修专业的发展背景。

我愿意把这些汽车检测与维修专业的发展背景通过班级内部播报系统——"行业大事我来说"介绍给大家。

活动场景

通过班级内部播报的形式将汽车检测与维修专业的发展背景这一汽车行业大事件介绍给刚入校的汽车专业新同学。

活动目标

(1) 能用普通话流利地介绍汽车检测与维修专业的发展变迁。
(2) 能合理安排组内分工，在规定时间内合作完成资料的收集、整理、撰稿。

活动计划

1. 分工

2 名材料收集人员：_____　　1 名拍照人员：_____
2 名撰稿人：_____　　　　　1 名编辑：_____
1 名播报人员：_____　　　　1 名后勤：_____

2. 设备准备

_____
_____

3. 小组计划

_____
_____
_____

活动资源

汽车检测与维修专业的发展背景简介

我国汽车检测技术的研究始于20世纪60年代。当时，为了满足汽车维修的需要，由交通部主持进行了发动机汽缸漏气量检测仪、点火正时仪等较简单的检测仪器研发。

进入20世纪70年代，我国的汽车检测技术有了较大的发展，汽车不解体检测技术及设备被列为国家科学技术委员会的开发应用项目，并由交通部主持研发了滚筒反力式汽车制动试验台、惯性式汽车制动试验台、发动机综合检测仪和汽车性能综合检验台（具有制动性检测、底盘测功、速度测试等功能）。

20世纪80年代，随着国民经济的发展和科学技术的进步，汽车检测及诊断技术也随之得到快速发展，加之我国的汽车制造业和公路交通运输业发展迅猛，对汽车检测诊断技术和设备的需求也与日俱增。我国汽车保有量迅速增加,随之而来的交通安全和环境保护等社会问题,促进了汽车诊断和检测技术的发展。交通部主持研发了汽车制动试验台、侧滑检验台、轴(轮)重仪、速度表试验台、前照灯检测仪、发动机综合分析仪、底盘测功机等,国家也在"六五"期间重点推广了汽车检测和诊断技术。

20 世纪 80 年代初,交通部在大连市建立了我国第一个汽车检测站,从工艺上提出将各种单台检测设备安装连线,构成功能齐全的汽车检测线。20 世纪 80 年代中期,汽车监理由公安部主管,公安部在交通部建设汽车检测站的基础上,对汽车检测进行了推广和发展。在此基础上,由国家相关部委起草颁布实施了规范和约束汽车检测和汽车检测设备的国家标准:《机动车运行安全技术条件》(GB 7258—1987)[现为《机动车运行安全技术条件》(GB 7258—2017)]和《汽车检测设备检定技术条件》(GB 11798.1~11798.6—1989)[现为《机动车安全检测设备检定技术条件》(GB/T 11798.1~11798.9—2001)]。

20 世纪 90 年代至 21 世纪初,科学技术特别是计算机技术的突飞猛进,以及以电子装置为主的高新技术产品在汽车产业中的广泛应用,使得现代汽车已发展成为集计算机技术、光电传输技术、新工艺和新材料于一体的高科技载体。发动机电控燃油喷射、电控悬架系统、自动空调系统、中控门锁及防盗系统、车身高度自动调节、座位调整和最佳位置记忆、卫星导航系统等,不断对汽车维修提出了越来越高的要求。汽车技术的发展带动了维修技术的发展,我国的汽车检测与维修技术在标准化、科学化、智能化和网络化方面均取得了前所未有的发展。汽车维修已从以机械修理为核心的传统汽车维修,向以机电一体化综合诊断技术为核心的现代汽车维修发展,汽车行业的技术骨干、高级技师中 90% 以上来自职业学校。

活动展示

教师组织班级内部播报大赛,师生共同制定评分标准,各组选派代表参加,参赛选手在规定时间内呈现本组活动成果,其他全体同学现场观摩,根据选手表现投票,获得点赞量最多的小组获胜。

活动评价

本活动的活动评价表见表 1-1-1。

活 动 评 价 表　　　　　　　表 1-1-1

评分项 （占比）	是否达到目标 （30%）	活动表现 （40%）	职业素养 （30%）
评价标准 （占比）	(1)完全达到； (2)基本达到； (3)未能达到	(1)积极参与； (2)主动性一般； (3)未积极参与	(1)大幅提高； (2)略有提高； (3)没有提高
自我评价(20%)			
组内评价(20%)			
组间评价(30%)			
教师评价(30%)			
总分(100%)			
自我总结			

活动二："我家乡的车企"电子宣传图册制作

汽车检测与维修专业的发展离不开汽车企业的参与,在这个过程中,汽车生产厂家、4S店、快修点、维修站、汽车配件城等均扮演着不可或缺的角色。我愿意通过自己的视角制作电子宣传图册,将我家乡的汽车企业介绍给大家。

活动场景

化身小记者走访企业、查阅资料,大体了解家乡有影响力的汽车企业发展历程,制作电子宣传图册,并将它们介绍给刚入校的汽车专业新同学。

活动目标

(1)走访企业、查阅资料,了解它们的发展变迁。
(2)能合理安排组内分工,在规定时间内合作完成资料的收集、整理、PPT(Power Point,演示文稿)的制作。

项目一　汽车检测与维修专业概述

活动计划

1. 分工

2 名采访内容制定人员：_____　　1 名拍照人员：_____

1 名撰稿人：_____　　　　　　　2 名编辑：_____

1 名资料收集人员：_____　　　　1 名后勤：_____

2. 设备准备

_____
_____

3. 小组计划

_____
_____
_____

活动资源

1. 山东远通集团大事记简介

1976 年临沂地区汽车配件公司成立，主要经营汽车配件业务。

1987 年临沂地区汽车配件公司更名为临沂汽车贸易总公司，开始经营结构创新变革，开发新增汽车经营项目，提出"以配件经营带动汽车销售，以汽车销售促进配件经营"的发展思路。

1999 年临沂汽车贸易总公司更名为山东临沂汽车工业贸易有限公司，进行经营体制创新变革，整体改制为民营企业，建立起现代企业制度。

2001 年第一家汽车 4S 店建成运营。

2006 年山东远通汽车贸易集团有限公司成立。

2009 年 4 月举行全国汽车下乡活动首站启动仪式，当年集团综合收入位列全国第 9 位。

2012 年汽车销售、连锁维修、汽车用品、配件物流、二手车交易、汽车金融六大经营板块正式形成，汽车经营价值链基本完善。

2. 临沂易通集团大事记简介

2001 年 5 月临沂易通汽贸有限公司成立。

2003年3月易通首家4S店开业。

2011年6月临沂易通集团首家豪华品牌入住省城。

2015年11月易通德尔福快修中心开业。

2016年5月易通马瑞利快修中心开业。

2016年6月临沂首家豪华车维修中心中鑫之宝开业。

2017年6月山西太原店开业。

2019年3月临沂易通集团临沂区域首家宝马店通宝行开业。

活动展示

教师组织班级内部电子图册展览,师生共同制定评分标准,各组选派代表在规定时间内介绍本组PPT,其他全体同学现场观摩,根据选手表现投票,获得点赞量最多的小组获胜。

活动评价

本活动的活动评价表见表1-1-2。

活动评价表　　　　表1-1-2

评分项 (占比)	是否达到目标 (30%)	活动表现 (40%)	职业素养 (30%)
评价标准 (占比)	(1)完全达到; (2)基本达到; (3)未能达到	(1)积极参与; (2)主动性一般; (3)未积极参与	(1)大幅提高; (2)略有提高; (3)没有提高
自我评价(20%)			
组内评价(20%)			
组间评价(30%)			
教师评价(30%)			
总分(100%)			
自我总结			

项目一　汽车检测与维修专业概述

任务二　知道汽车检测与维修专业发展现状

任务目标

能简单介绍汽车检测与维修专业发展现状。

任务内容

活动:班级内部播报——"行业大事我来说"

活动:班级内部播报——"行业大事我来说"

现代汽车维修服务于千家万户,面对的是机、电、液一体的高科技集成物,且种类繁多,技术更新快,对从业人员的要求越来越高,汽车维修技术队伍的结构正在发生根本的变化。在学习之初,我们迫切地想要了解汽车检测与维修专业的发展现状。

我愿意把这些汽车检测与维修专业的发展现状通过班级内部播报系统——"行业大事我来说"介绍给大家。

活动场景

通过班级内部播报的形式,将汽车检测与维修专业的发展现状介绍给刚入校的汽车专业新同学。

活动目标

(1)能用普通话流利地介绍汽车检测与维修专业的发展现状。
(2)能合理安排组内分工,在规定时间内合作完成资料的收集、整理、撰稿。

活动计划

1. 分工

2 名材料收集人员:_____　　1 名拍照人员:_____

7

2名撰稿人：_____   1名编辑：_____
1名播报人员：_____   1名后勤：_____

2．设备准备

_____

_____

3．小组计划

_____

_____

_____

_____

活动资源

山东省及临沂市汽车检测与维修行业状况

  2016年，山东省汽车保有量以1754.3万辆跃居全国第一位，并在此后继续保持。我国是全球第一大汽车消费国，而山东省是全国第一汽车消费大省，山东省汽车市场一直以来都是车企品牌重点关注和布局的区域市场。2016年，山东省二手车交易量达262.30万辆，同比增长25.66%。市场随政策而动，受惠于二手车限迁政策的逐步放开，山东省二手车交易量已连续三年保持20%以上的增速。

  如表1-2-1所列，截至2020年6月，临沂市机动车保有量已超156万辆，约占全省汽车保有量的10.5%。在全省各地市中，属于汽车消费大市。

山东省各地市2020年轿车保有量（单位：万辆）　　表1-2-1

区域＼月份	1月	2月	3月	4月	5月	6月
全省	1457.4165	1459.5256	1463.7211	1472.0227	1482.5466	1486.6567
济南	163.1950	163.4859	163.9449	164.5823	165.4138	165.6746
青岛	172.4352	172.5726	173.0105	173.8164	174.8489	175.2874
淄博	71.0061	71.0787	71.2501	71.6075	72.0262	72.1794
枣庄	58.8053	58.7890	58.9438	59.3486	59.9881	60.2628

续上表

月份 区域	1月	2月	3月	4月	5月	6月
东营	48.7175	48.7447	48.8624	49.1375	49.4282	49.5401
烟台	106.9903	107.0784	107.2833	107.8204	108.4676	108.7411
潍坊	156.8959	157.0317	157.4232	158.2488	159.2978	159.7349
济宁	96.6961	96.8855	97.2850	98.0118	98.9365	99.2835
泰安	55.0186	55.1463	55.1983	55.5472	55.9742	56.1153
威海	48.3875	48.4473	48.5909	48.8927	49.2558	49.4162
日照	44.5183	44.5721	44.6950	44.9458	45.2883	45.4120
滨州	63.6978	63.7794	63.9376	64.2808	64.6887	64.8379
德州	71.8242	71.9341	72.1639	72.5825	73.1465	73.3845
聊城	71.2689	71.4230	71.6271	72.0656	72.6043	72.8148
临沂	153.0085	153.2462	153.6724	154.5405	155.6472	156.0605
菏泽	73.5595	73.9180	74.4410	75.2110	76.1594	76.5393

汽车行业的快速发展也促进了汽车维修企业的发展，汽车维修理念也在不断更新。目前，通常都是借助相应的仪器设备对汽车进行检测和维修，不仅能够确保一定的安全性，还可以准确无误地诊断出故障所在，提高检测维修结果的可靠性。汽车维修技术的不断更新，对从业人员总体素质、劳动生产率、管理水平、服务质量等提出了更高的要求，当前汽车维修从业人员技术素质不高的问题，已成为制约汽车维修业持续发展的主要"瓶颈"。从业人员中接受过中等职业教育的不多，接受过各类高等教育的就更少，熟练掌握现代汽车维修技术的高级维修技术人才更是微乎其微。据人力资源和社会保障部公布的《2021年第一季度全国招聘大于求职"最缺工"的100个职业排行》显示，汽车生产线操作工和汽车维修工分别位列第9位和第73位。目前国内汽车生产、维修人才的缺口巨大，而大部分从业人员需要正规的职业教育。为此，政府已将汽车服务人才列为国家现代化服务业技能型紧缺人才。高素质汽车检测维修相关专业人才是市场当前以及以后所急需的资源。

活动展示

教师组织班级内部播报大赛，师生共同制定评分标准，各组选派代表参加，参赛选手在规定时间内呈现本组活动成果，其他全体同学现场观摩，根据选手表现投票，获得点赞量最多的小组获胜。

活动评价

本活动的活动评价表见表1-2-2。

活动评价表　　　　　　　　表1-2-2

评分项 （占比）	是否达到目标 （30%）	活动表现 （40%）	职业素养 （30%）
评价标准 （占比）	(1)完全达到； (2)基本达到； (3)未能达到	(1)积极参与； (2)主动性一般； (3)未积极参与	(1)大幅提高； (2)略有提高； (3)没有提高
自我评价(20%)			
组内评价(20%)			
组间评价(30%)			
教师评价(30%)			
总分(100%)			
自我总结			

任务三　了解汽车检测与维修专业发展趋势

任务目标

(1)能简单介绍汽车检测与维修专业发展趋势。

(2)能简单介绍当地汽车维修企业广泛使用的检修设备。

任务内容

活动一:班级内部播报——"行业大事我来说"
活动二:"炫酷的检修设备"电子宣传图册制作

活动一:班级内部播报——"行业大事我来说"

随着科技的发展和汽车的迭代升级,汽车检测与维修技术愈发成熟、设备愈发先进,系统化、网络化更新迅速。在学习之初,我们迫切地想要了解汽车检测与维修专业的发展趋势。

我愿意把这些汽车检测与维修专业的发展趋势通过班级内部播报系统——"行业大事我来说"介绍给大家。

活动场景

通过班级内部播报的形式,将汽车检测与维修专业的发展趋势介绍给刚入校的汽车专业新同学。

活动目标

(1)能用普通话流利地介绍汽车检测与维修专业的发展趋势。
(2)能合理安排组内分工,在规定时间内合作完成资料的收集、整理、撰稿。

活动计划

1. 分工

2 名材料收集人员:＿＿＿＿＿＿　　1 名拍照人员:＿＿＿＿＿＿
2 名撰稿人:＿＿＿＿＿＿　　　　　1 名编辑:＿＿＿＿＿＿＿＿
1 名播报人员:＿＿＿＿＿＿　　　　1 名后勤:＿＿＿＿＿＿＿＿

2. 设备准备

_____
_____
_____

3. 小组计划

_____

_____

_____

_____

活动资源

汽车检测与维修专业发展趋势简介

当前,汽车产业由高速增长向高质量发展转型,行业洗牌,模式重塑,格局重构。电动化、智能化、网联化、共享化成为汽车产业创新求变、转型升级的重要方向;区块链、大数据、云计算描绘产业发展新图景;国家政策支持,新能源汽车市场持续备受关注,造车新势力在后疫情时代经受市场的考验与检验;"西安奔驰事件"拷问行业合规性问题,引发经营管理者对业务操作和管理流程的反思,同时也呼吁行业尽快完善各类"标准",使之成为行业规范管理的重要抓手。

(1)汽车保有量不断增长,维修需求增幅明显。汽车进入家庭步伐加快,维修服务成为社会焦点,对维修服务的要求也不断提高,维修行业面临新的挑战。

(2)汽车技术含量不断提高,维修作业方式发生根本变化。汽车维修由机械修理为主稍带一些简单电路检修的传统方式,逐步转向依靠电子设备和信息数据进行诊断与维修,对维修技术人员也提出了更高的要求。

(3)交通运输主管部门对汽车维修行业加大管理力度,汽车维修服务更加规范。

(4)节能减排呼唤绿色维修。汽车维修技术将随着车辆节能技术、代用燃料等新技术的推出进一步发展。

(5)以纯电动汽车、油电混合动力汽车为代表的新能源汽车,开始越来越多地进入普通家庭,对传统的汽车售后服务、维修作业提出了新的更高要求。

(6)电商的出现带来了服务理念的改变,快捷、方便、全面的网络维修咨询以及上门服务成为热点和趋势。

当代高新技术的快速发展和汽车现代化程度的不断提高,对汽车检测维修行业的科技含量提出越来越高的要求,汽车维修技术工人队伍正在逐步年轻化、知识化、专业化,由传统的以普通技术工人为主体向以汽车维修工程师、专业维修技术工人为主体转变。总体来讲,全国以汽车检测、维修为主的汽车售后服务从业人员面临更新换代,汽车后市场行业快速发展,市场越来越需要具备专门汽车后市场服务技能的高素质人才,需要大量的、受过高等教育的专业人才加入汽车后市场服务的行业中。

活动展示

教师组织班级内部播报大赛,师生共同制定评分标准,各组选派代表参加,参赛选手在规定时间内呈现本组活动成果,其他全体同学现场观摩,根据选手表现投票,获得点赞量最多的小组获胜。

活动评价

本活动的活动评价表见表 1-3-1。

活动评价表　　　　　　　　表 1-3-1

评分项	是否达到目标（30%）	活动表现（40%）	职业素养（30%）
评价标准	（1）完全达到； （2）基本达到； （3）未能达到	（1）积极参与； （2）主动性一般； （3）未积极参与	（1）大幅提高； （2）略有提高； （3）没有提高
自我评价(20%)			
组内评价(20%)			
组间评价(30%)			
教师评价(30%)			
总分(100%)			
自我总结			

活动二:"炫酷的检修设备"电子宣传图册制作

我愿意通过自己的视角制作电子宣传图册,将车辆检测维修"炫酷的检修设备"介绍给大家。

活动场景

走访汽车企业技术人员,网络查阅视频、图文资料,了解车辆检测维修最常用、最需要的检修设备,制作电子宣传图册,并将它们介绍给刚入校的汽车专业新同学。

活动目标

(1)能收集车辆检修设备视频、图文资料。
(2)能合理安排组内分工,在规定时间内合作完成资料的收集、整理以及PPT的制作。

活动计划

1. 分工

2 名采访人员:_____   1 名拍照人员:_____
1 名撰稿人:_____   2 名编辑:_____
1 名资料收集人员:_____ 1 名后勤:_____

2. 设备准备

_____
_____

3. 小组计划

_____
_____
_____
_____

活动资源

几种常见的检测设备

1. 汽车万用表

汽车万用表是汽车电器检测的常用工具,常用的功能有电压测试、电阻测试、电流测试等。汽车万用表有指针式万用表和数字式万用表两种,其中数字式万用表能精确测试电子电路,准确度远远超过指针式万用表,普遍用于汽车电器诊断与检测。数字式万用表如图1-3-1所示。

2. 解码器

解码器是一种可以与汽车电脑直接进行交流信息的故障诊断仪,如图1-3-2所示。解码器通过汽车电脑的自诊断插座,在一定协议支持下,与汽车电脑进行互相通信交流各种信息,从而获取电脑工作的重要参数。

图1-3-1 数字式万用表

3. 汽车示波器

汽车示波器是检测设备的一种,它可以把汽车电气设备的实时工作状态以波形的形式显示在屏幕上,检测人员通过观察波形就可以判断汽车故障类型。汽车示波器如图1-3-3所示。

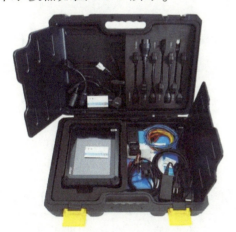

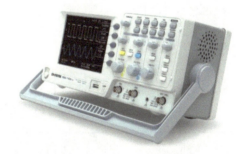

图1-3-2 解码器　　　　　　　图1-3-3 汽车示波器

4. 汽车空调制冷剂回收净化加注机

如图1-3-4所示,汽车空调制冷剂回收净化加注机完成整车对空调系统服务的需求,包括自动回收、净化、抽真空、加注制冷剂等。

5. 综合发动机分析仪

综合发动机分析仪为维修提供了一个完整的诊断系统。它可以测试传感器及其供电电路和连接件、精确地定位故障。将测量设备连接到相应的元器件上后，在不必拆卸的情况下，就可以进行测试，节省大量宝贵的时间和昂贵的替代部件。综合发动机分析仪如图 1-3-5 所示。

图 1-3-4　汽车空调制冷剂回收净化加注机

图 1-3-5　综合发动机分析仪

活动展示

教师组织班级内部电子图册展览，师生共同制定评分标准，各组选派代表在规定时间内介绍本组 PPT，其他全体同学现场观摩，根据选手表现投票，获得点赞量最多的小组获胜。

活动评价

本活动的活动评价表见表 1-3-2。

活动评价表　　　　　　　　表 1-3-2

评分项（占比）	是否达到目标（30%）	活动表现（40%）	职业素养（30%）
评价标准（占比）	(1)完全达到； (2)基本达到； (3)未能达到	(1)积极参与； (2)主动性一般； (3)未积极参与	(1)大幅提高； (2)略有提高； (3)没有提高
自我评价(20%)			
组内评价(20%)			

续上表

评分项（占比）	是否达到目标（30%）	活动表现（40%）	职业素养（30%）
组间评价(30%)			
教师评价(30%)			
总分(100%)			
自我总结			

项目二 汽车检测与维修专业人才培养概述

任务一 认识工作岗位

任务目标

(1) 能熟练介绍汽车检测与维修专业主要面向的岗位。
(2) 能熟练介绍汽车检测与维修专业所面向岗位的岗位职责。

任务内容

活动一:"哪里需要我"专业推介会
活动二:Cosplay 职场人——"我能为你做什么"

活动一:"哪里需要我"专业推介会

专业技能是奠定我们职业方向的基石,那你知道经过三年专业学习后,我们将会从事什么工作吗?你心中理想的职业又是什么呢?

活动场景

学院在××中学举办了一场专业推介会,有学生和家长想了解一下我们汽车检测与维修专业的同学毕业后可以从事什么工作。用自己的方式向咨询者介绍一下,让其对我们的专业能有更直观、更具体的认识。

活动目标

(1) 能用普通话流利地向咨询者介绍该专业毕业生的就业方向。
(2) 能梳理出一条比较清晰的职业方向,并整理成文字记录在工作页上。

活动计划

1. 分工

2 名咨询者：_____ 1 名介绍人员：_____

1 名记录人员：_____

2. 设备准备

_____

_____

3. 剧本准备

_____

_____

_____

_____

活动资源

汽车检测与维修专业主要面向的岗位有销售顾问、服务站长、服务经理、服务顾问、机电维修工、钣金工、喷漆工、质检员、备件计划员。

活动展示

如图 2-1-1 所示，以小组为单位，展示自己小组梳理出的职业方向。

图 2-1-1　专业推介

活动评价

本活动的活动评价表见表 2-1-1。

活动评价表   表2-1-1

评分项 （占比）	是否达到目标 （30%）	活动表现 （40%）	职业素养 （30%）
评价标准 （占比）	(1)完全达到； (2)基本达到； (3)未能达到	(1)积极参与； (2)主动性一般； (3)未积极参与	(1)大幅提高； (2)略有提高； (3)没有提高
自我评价(20%)			
组内评价(20%)			
组间评价(30%)			
教师评价(30%)			
总分(100%)			
自我总结			

活动二：Cosplay 职场人——"我能为你做什么"

活动一明确了我们可以做哪些工作，那你知道这些工作具体要做些什么吗？创意可以天马行空，但工作可要脚踏实地。

活动场景

如图2-1-2所示，你在实习单位进行了为期半年的轮岗实习，家人和朋友都对你的工作岗位具体承担的岗位职责很好奇。用自己的方式向大家介绍一下。

图2-1-2　轮岗实习

活动目标

(1)能用普通话流利地介绍工作岗位具体的岗位职责。
(2)将介绍过程整理成文字记录在工作页上。

项目二 汽车检测与维修专业人才培养概述

活动计划

1. 分工

2 名询问者：_____   1 名介绍人员：_____

1 名记录人员：_____

2. 设备准备

_____

_____

3. 剧本准备

_____

_____

_____

活动资源

汽车检测与维修专业主要面向的岗位名称、岗位职责及其任职要求见表 2-1-2。

汽车检测与维修专业主要面向的岗位名称、岗位职责及其任职要求

表 2-1-2

岗位名称	工 作 职 责	任 职 资 格
销售顾问	（1）根据展厅销售计划，按照展厅销售流程开展展厅销售工作，完成销售目标。 （2）提升销售满意度，负责销售满意度改善和年度目标达成	（1）教育背景：汽车/营销/管理类等相关专业专科以上学历。 （2）工作经验：1 年以上汽车销售或汽车维修的经验。 （3）素质技能：了解汽车销售的运作模式及汽车行业的发展趋势

21

续上表

岗位名称	工作职责	任职资格
服务站长	(1) 制订收益目标以及活动计划。 (2) 定期进行绩效回顾以及预测未来的需求量。 (3) 构筑并创建与其他部门的协作关系。 (4) 创造及维护舒适、安全的工作环境。 (5) 聘用部门业务所需的人才。 (6) 部门内部员工调动岗位的管理。 (7) 审查、评价部门员工的表现	(1) 教育背景：专科以上学历，汽车、行政、工商和人力资源管理等相关专业。 (2) 工作经验：汽车相关行业5年以上企业经营管理经验。 (3) 素质技能：关注客户、结果导向、商业思维
服务经理	(1) 维持日常维修接待秩序。 (2) 协助客服完成客休区客户服务。 (3) 协助服务总监完成维修业务统计。 (4) 完成领导交办的其他事宜	(1) 教育背景：汽车相关专业。 (2) 工作经验：3年以上汽车行业服务工作经验，1年以上人员管理经验。 (3) 素质技能：拥有较深的汽车专业知识
服务顾问	(1) 以服务客户为根本，对工作尽职尽责。 (2) 热情接待每一位客户，并使用文明用语。 (3) 了解客户的需求和期望，为客户提供无微不至的服务。 (4) 负责按照厂家标准的流程接待维修车辆的客户及业务咨询。 (5) 积极接受厂家以及公司培训	(1) 教育背景：大学专科以上学历，汽车营销、维修等相关专业。 (2) 工作经验：具有3年以上汽车维修经历，1年以上车间管理经验。 (3) 素质技能：拥有较深的汽车专业知识

续上表

岗位名称	工 作 职 责	任 职 资 格
维修机电工	（1）实施服务接待人员或者车间主管分配的任务。 （2）检验服务接待人员所提供的派工项目。 （3）负责从备件部领用必要备件。 （4）当发现额外的不良或其他需要修理或更换备件时，注意向车间主管或服务顾问汇报。 （5）完成领导下达的其他任务	（1）教育背景：正规院校中专及以上学历，汽车相关专业。 （2）上岗要求：取得国家（地区）公认的职业资格。 （3）素质技能：组织能力、团队合作能力、观察能力、汽车维修检测技能、沟通能力、服务意识、执行能力
钣金工	（1）实施服务接待人员或者车间主管分配的任务。 （2）检验服务接待人员所提供的派工项目。 （3）负责从备件部领用必要备件。 （4）当发现额外的不良或其他需要修理或更换备件时，注意向钣金、喷漆经理或服务经理汇报。 （5）当钣金、喷漆作业完毕后，将客户的车辆恢复到作业受理前的状态	（1）教育背景：汽车维修或汽车车身修复等相关专业中专以上学历。 （2）上岗要求：具有处理危险物品的基础知识。 （3）素质技能：熟练掌握钣金维修技术与工作流程
喷漆工	（1）主要负责事故车车身漆的修复。 （2）认真完成集团公司下达的事故车维修工时以及事故车的维修台次。 （3）在客户经理要求的维修时限内，保质保量地完成事故车的喷漆工作。	（1）教育背景：中级技工及以上学历，汽车/钣金、喷漆相关专业，技能高者可降低学历要求。 （2）工作经验：2年以上喷漆工作经验。

续上表

岗位名称	工作职责	任职资格
喷漆工	(4)对钣金工完成整形的事故车进行检验。 (5)喷漆房的使用和维护工作。 (6)完成领导交办的其他事宜	(3)素质技能:拥有较深的汽车专业知识、过硬的维修技能,熟悉维修业务流程
质检员	(1)对维修车辆进行质量检验(终检)及反馈,严格控制并保证维修质量,争取一次修复,尽量杜绝返修。 (2)负责返修质量的监督、检查。 (3)统计分析质量检验结果,对内部返修、外部返修情况进行统计分析,并提出改进建议。 (4)负责参与重大、疑难故障的分析、鉴定。 (5)完成领导交办的其他事项	(1)教育背景:正规院校中专及以上学历,汽车维修相关专业。 (2)工作经验:2年以上汽车维修行业工作经验。 (3)素质技能:拥有较深的汽车专业知识

活动展示

以小组为单位,展示自己小组总结出的各工作岗位的岗位职责。

活动评价

本活动的活动评价表见表2-1-3。

活动评价表　　　　　　　　表2-1-3

评分项 (占比)	是否达到目标 (30%)	活动表现 (40%)	职业素养 (30%)
评价标准 (占比)	(1)完全达到; (2)基本达到; (3)未能达到	(1)积极参与; (2)主动性一般; (3)未积极参与	(1)大幅提高; (2)略有提高; (3)没有提高

续上表

评分项（占比）	是否达到目标（30%）	活动表现（40%）	职业素养（30%）
自我评价(20%)			
组内评价(20%)			
组间评价(30%)			
教师评价(30%)			
总分(100%)			
自我总结			

任务二　知道能力需求

任务目标

（1）能说出汽车检测与维修专业的培养目标。
（2）能说出从事相关岗位的专业人员所需具备的通用职业能力。

任务内容

活动：校园招聘会面试大比拼

活动：校园招聘会面试大比拼

经过三年的学习，你掌握了扎实的理论知识和专业技能，距离真正进入职场大展宏图就只差一个校园招聘会了！你知道这些招聘单位需要什么样的人才吗？你会是他们需要的"千里马"吗？

活动场景

在学院举办的校园招聘会上,你发现了一家你特别喜欢的公司,你非常认同他们的企业文化,了解他们的用人需求,而且你的专业与他们招聘的岗位恰巧符合。用自己的方式向招聘人员推荐一下自己,为自己争取到录用机会。

活动目标

(1)能用普通话流利地向招聘者阐述自己所具备的能力与他们的岗位需求相符合。

(2)能阐述内容整理成文字记录在工作页上。

活动计划

1. 分工

2名招聘人员:_____　　　1名应聘人员:_____

1名记录人员:_____

2. 设备准备

_____

_____

3. 剧本准备

_____

_____

_____

_____

活动资源

本专业培养理想信念坚定,具有精益求精的工匠精神,较强的就业能力和可持续发展的能力,掌握汽车检测与维修技术专业的专业知识和技能,面向汽车制造、机动车维修技术服务等职业群,能够从事汽车质量与性能检测、汽车机电维修、服务接待等工作的高素质技术技能人才。

项目二　汽车检测与维修专业人才培养概述

活动展示

以小组为单位,展示自己小组整理出的专业培养目标与相关工作岗位专业人员所需具备的通用职业能力的对应关系。

活动评价

本活动的活动评价表见表 2-2-1。

活动评价表　　　　　　　　表 2-2-1

评分项 （占比）	是否达到目标 （30%）	活动表现 （40%）	职业素养 （30%）
评价标准 （占比）	（1）完全达到； （2）基本达到； （3）未能达到	（1）积极参与； （2）主动性一般； （3）未积极参与	（1）大幅提高； （2）略有提高； （3）没有提高
自我评价(20%)			
组内评价(20%)			
组间评价(30%)			
教师评价(30%)			
总分(100%)			
自我总结			

任务三　汽车检测与维修专业课程设置概述

任务目标

（1）能简单介绍汽车检测与维修专业开设的主要课程。

（2）能将专业开设的课程与课程目的相对应。

任务内容

活动一："我的专业我知道"之学院宣传片演员选拔比赛

活动二："大家一起找朋友"之抢答限时赛

活动一："我的专业我知道"之学院宣传片演员选拔比赛

对于学生来说，了解并清楚自己专业是进入学校学习的第一步。对于汽车检测与维修专业来说，其课程设置相对于其他专业来说，既简单又复杂。汽车检测与维修专业课程设置主要分为专业课、专业基础课和公共课三部分。

活动场景

学校准备制作一组专业宣传片，现选拔优秀学生作为讲解员为招生就业处拍摄短片，选拔标准为能否流利地介绍本专业（汽车检测与维修专业）开设哪些课程。用你的方式选择汽车检测与维修专业中开设的课程向新生家长介绍一下，让其能有深刻印象，最终将介绍的过程以视频的形式记录下来。

活动目标

（1）能用普通话流利地向新生家长介绍汽车检测与维修专业开设的课程，能将介绍过程（视频、照片）合成为2min左右的视频（图2-3-1）。

（2）视频要求：

① "剧本"合理、完整。

② 介绍时能使用普通话，大方、得体。

③ 视频完整、清晰。

图2-3-1　视频拍摄

活动计划

1. 分工

1名介绍人员：_____ 1名摄像人员：_____

1名拍照人员：_____ 1名导演：_____

1名编剧：_____ 1名后期制作人员：_____

2.设备准备

_____

_____

3.剧本准备

_____

_____

_____

(1)专业课课程见表2-3-1。

专业课课程　　　　　　　　　　表2-3-1

序号	课程名称	序号	课程名称
1	汽车维护	8	汽车营销实务
2	汽车电气设备	9	汽车保险与理赔
3	汽车发动机构造与维修	10	汽车商务礼仪
4	汽车底盘构造与维修	11	二手车评估
5	汽车维修服务接待	12	汽车配件管理与销售
6	新能源汽车概论	13	汽车装饰与美容
7	销售心理学	14	汽车检测与维修

(2)专业基础课课程见表2-3-2。

专业基础课课程　　　　　　　　表2-3-2

序号	课程名称	序号	课程名称
1	机械识图	4	电工与电子基础
2	汽车文化	5	汽车材料
3	机械基础	6	汽车专业英语

(3)公共课课程见表2-3-3。

公共课课程　　　　　　　　　　表2-3-3

序号	课程名称	序号	课程名称
1	思政	2	语文

续上表

序号	课 程 名 称	序号	课 程 名 称
3	数学	7	就业指导
4	体育	8	安全
5	计算机	9	汽车维修企业管理
6	职业生涯规划		

活动展示

将学生分成若干小组，每组选取汽车检测与维修专业中的课程进行有创新、有特色的介绍。

活动评价

本活动的活动评价表见表2-3-4。

活 动 评 价 表　　　　表2-3-4

评分项 （占比）	是否达到目标 （30%）	活动表现 （40%）	职业素养 （30%）
评价标准 （占比）	(1)完全达到； (2)基本达到； (3)未能达到	(1)积极参与； (2)主动性一般； (3)未积极参与	(1)大幅提高； (2)略有提高； (3)没有提高
自我评价(20%)			
组内评价(20%)			
组间评价(30%)			
教师评价(30%)			
总分(100%)			
自我总结			

活动二:"大家一起找朋友"之抢答限时赛

在初步了解了本专业主要开设的课程之后,要深入各个课程,了解并探索设置课程的目的,更好地为了解自己的专业奠定基础。

活动场景

如图 2-3-2 所示,将汽车检测与维修专业中的每一门课程名称、开设目的制作成小卡片。每一门课程名称和这门课程的开设目的是"好朋友",请同学们找到"好朋友"并限时抢答。

图 2-3-2　活动场景

活动计划

1. 分工
1 名主持人:＿＿＿＿＿＿＿＿＿　　　1 名计时员:＿＿＿＿＿＿＿＿＿
每组选 1 名抢答选手:＿＿＿＿＿
2. 设备准备
_____
_____
3. 小组计划
_____
_____
_____
_____

活动资源

一、专业课

1. 汽车维护

汽车维护是技工类院校汽车检测与维修专业的一门专业课程。本课程目的是培养学生的职业岗位基本技能,并为进一步培养学生的职业岗位综合能力和关键能力奠定坚实基础,使学生初步形成一定的学习能力和实践能力,培养学生诚实、守信、善于沟通和合作的品质,以及环保节能和安全意识。

2.汽车电气设备

该课程是技工类院校汽车检测与维修专业的一门专业课,其任务是使学生系统地掌握汽车电器的构造、工作原理、工作特性,正确使用各类汽车电器的方法,了解现代汽车电器的发展方向,为学习汽车构造等专业课程和毕业后所从事的工作打下基础。

3.汽车发动机构造与维修

本课程的开设目的是使学生通过学习,掌握发动机的燃烧过程及相关的热力学知识;掌握发动机曲柄连杆机构、配气机构、点火系统、起动系统、发动机冷却系统、润滑系统、燃油供给系统、进排气系统的构造、工作原理、检修和故障诊断等知识,并具备发动机的装配调试和发动机综合故障诊断的能力。

4.汽车底盘构造与维修

该课程是汽车检测与维修专业的必修课,是学生掌握汽车基本结构和基本工作原理的入门课程,以培养学生熟悉汽车各总成结构、工作原理、拆装、检测与调整为主要目的,为后续专业课程的学习和将来从事与汽车相关的工作打下必要的专业基础。

二、专业基础课

1.机械识图

机械识图课程是技工院校汽车类专业的一门重要专业基础课程,该课程开设的目的是使学生掌握机械制图的基本知识,能熟练阅读中等复杂程度的零件图和简单的装配图,能徒手绘制较简单的零件图和简单的装配图,了解机械制图国家标准和行业标准,培养学生的空间想象力和以图表现物体三维特征的能力,能进行简单零件测绘,养成严谨、细致的工作作风。

2.汽车文化

汽车文化课程是汽车类专业的一门专业基础课程,该课程开设的目的是使学生了解汽车的产生与发展、世界著名汽车公司等汽车知识,让学生全面了解汽车、熟悉汽车、爱好汽车,从而培养学生对汽车相关知识的学习兴趣,提高学生的人文水平和综合素质,为继续学习其他专业课程准备扎实的基础知识条件。

3. 机械基础

机械基础是技工院校汽车类专业的一门专业基础课程,该课程开设的目的是使学生通过学习本课程,将机械传动、常用机构、常用零件、液压传动等与汽车专业方面的知识和技能紧密结合起来,掌握必备的机械基础知识和基本技能,懂得机械工作原理,为后续专业课程的学习奠定基础。

4. 电工与电子基础

开设电工与电子基础课程的目的是使学生具备所需的电路分析、模拟电子技术、电气控制技术等基本知识和基本技能,让学生更加安全、正确使用和维护设备,并能正确检修设备,增强职业应变能力和为继续学习其他课程打下一定的基础。

5. 汽车材料

汽车材料课程是技工院校汽车类专业的一门重要专业基础课程。通过该课程的学习,学生可以初步掌握汽车常用金属材料、非金属材料和汽车运行材料的性能、分类、品种、牌号和主要规格,以及合理选择、正确使用汽车材料的基本知识和相关技能,为今后从事汽车工作打下基础。

三、公共课

1. 思政

为深入贯彻落实习近平总书记关于教育的重要论述和全国教育大会精神,把思想政治教育贯穿人才培养体系,全面推进思政建设,发挥好每门课程的育人作用,提高人才培养质量,特设思政课。

2. 语文

语文作为中职学校必修的文化基础课,其开设目的是使学生提高正确理解与运用祖国语言文字的能力,掌握日常生活和职业岗位需要的现代文阅读能力、写作能力、口语交际能力,以适应就业和创业的需要。

3. 数学

数学教育作为教育的组成部分,其任务是:

(1)提高学生的数学素养,使学生掌握社会生活所必需的一定的数学基础知识和基本运算能力,培养学生的数学应用意识。

(2)为学生学习职业知识和形成职业技能打好基础。

4. 体育

体育课程是中等职业院校各类专业学生必修的公共课。

体育课程旨在全面提高学生身体素质,发展身体基本活动能力,增进学生身心健康,培养学生从事未来职业所必需的体能和社会适应能力。

5. 计算机

通过对本课程的学习,培养学生的自学能力和获取计算机新知识、新技术的能力,使学生具有使用计算机工具进行文字处理、数据处理和信息获取三种能力。

6. 职业生涯规划

通过对本课程的学习,让学生了解就业形势,掌握职业生涯规划与设计的基本方法,掌握生涯决策、求职应聘等通用技能;同时,树立积极的人生观、价值观、就业观、择业观和职业发展观,确立明确积极的人生目标和职业理想,培养敬业奉献精神和诚信守法意识。

7. 就业指导

通过对本课程的学习,了解国家及当地的就业形势、就业方针政策,把握职业选择的原则和方向;同时,掌握信息搜索与管理技能,掌握求职的技巧和礼仪,提高人际交往技能和团队协作精神等;激发学生的社会责任感,增强学生自信心,树立正确的择业就业观念和职业道德。

8. 安全

通过对本课程的学习,了解安全基本知识,了解校园安全隐患,掌握与安全问题相关的法律法规和校规校纪,明确危害安全的行为;同时,掌握各种不同安全问题的应对策略,掌握紧急情况下的逃生策略;认识安全的必要性,树立正确的安全意识及安全防卫心理,增强社会责任感。

9. 汽车维修企业管理

通过对本课程的学习,让学生掌握汽车维修企业管理概述相关知识,掌握企业管理的经营与策略,掌握企业的生产管理,掌握企业质量管理,掌握企业财务管理,掌握企业人力资源管理;培养学生的团队协作精神和沟通能力,培养学生的语言表达能力和社会交往能力,培养学生的企业管理意识,增强其思维能力、自我学习和提升的能力;培养学生的职业道德观念、敬业精神和社会责任感。

活动展示

教师组织班级内部进行分组分工,每组选出一名抢答选手,利用学生自己做好的卡片进行一场关于本专业开设的课程与其目的相对应的抢答赛,并根据最终成绩与评分标准,选出最佳个人与最优小组。

活动评价

本活动的活动评价表见表2-3-5。

活动评价表　　　　　　　　表2-3-5

评分项 (占比)	是否达到目标 (30%)	活动表现 (40%)	职业素养 (30%)
评价标准 (占比)	(1)完全达到; (2)基本达到; (3)未能达到	(1)积极参与; (2)主动性一般; (3)未积极参与	(1)大幅提高; (2)略有提高; (3)没有提高
自我评价(20%)			
组内评价(20%)			
组间评价(30%)			
教师评价(30%)			
总分(100%)			
自我总结			

任务四　熟悉保障措施

任务目标

(1)能简单介绍各优秀学生团队,能详细介绍至少1个最关注的团队。

(2)能简单介绍各社团组织,能详细介绍至少1个最关注的社团。

任务内容

活动:"优秀团队"视频制作

活动:"优秀团队"视频制作

活动场景

校外某单位领导到校想了解一下我校一些优秀学生队伍。用自己的方式向领导们介绍一下,让其对我们的校园能有深刻印象,最终将介绍的过程以视频的形式记录下来。

活动目标

(1)能用普通话流利地向参观人员介绍各优秀团队和社团。
(2)能将介绍过程(视频、照片)合成为2min左右的视频。
(3)视频要求:
①"剧本"合理、完整。
②介绍时能使用普通话,大方、得体。
③视频完整、清晰。

活动计划

1. 分工
2名领导:＿＿＿＿＿＿＿＿　　1名介绍人员:＿＿＿＿＿＿＿＿
1名摄像人员:＿＿＿＿＿＿＿＿　　1名拍照人员:＿＿＿＿＿＿＿＿
1名导演:＿＿＿＿＿＿＿＿　　1名编剧:＿＿＿＿＿＿＿＿
1名后期制作人员:＿＿＿＿＿＿＿＿
2. 设备准备

_____
_____
_____

3. 剧本准备

_____
_____
_____
_____

活动资源

1. 比赛训练团队

巴哈车队是汽车学院优秀团队之一,他们努力拼搏、奋勇争先,多次在比赛中获奖(图2-4-1)。

训练团队介绍

图2-4-1　巴哈车队在比赛中获奖

2. 国旗班

国旗班(图2-4-2)以升旗、降旗、爱旗、护旗为自己的神圣职责,用青春的汗水和真诚捍卫着祖国国旗的尊严,形成了一道亮丽的校园风景线。国旗班每一届的队员都秉承着"生命不息、奋斗不止"的信念,同心协力,顽强拼搏,圆满完成了学校交予的各项任务。

汽车学院国旗班
介绍

图2-4-2　国旗班

3. 学生会

学生会（图2-4-3）是现在学校中的组织结构之一，是学生自己的群众性组织，是学校联系学生的桥梁和纽带。参加学生会不仅可以锻炼我们的能力、提高自身修养，还可以帮助他人、交到更多的朋友。学生会可以作为一种进入社会的提前适应阶段。

汽车学院学生会介绍

图2-4-3　学生会

同时，学生会还协助学院完成各项大型活动组织任务，例如迎新工作、运动会、各类晚会、演讲比赛、技能比赛等。

4. 汽车学院社团简介

社团活动作为汽车学院第二课堂主要阵地和特色品牌之一，以其具有的思想性、艺术性、知识性、趣味性、多样性吸引着广大学生参与其中。

（1）龙鼓盛世社团（图2-4-4）。该社团以学习传统舞龙、锣鼓为主，新学期还将开设舞狮学习。该社团荣获山东省第十届全民健身运动会舞龙舞狮锣鼓网络比赛少年组二等奖、临沂市一等奖。

（2）篮球社团（图2-4-5）。篮球社团是我校最早成立的社团之一，也是比较受学生喜爱的一个社团。

龙鼓盛世社团介绍

图2-4-4　龙鼓盛世社团　　　　　图2-4-5　篮球社团

(3)足球社团(图2-4-6)。足球社团是一个以开展文娱和体育活动为目的的非营利性质的学生社团。社团宗旨是发扬我校足球运动,发掘足球天赋人员,增强体育锻炼,健强体魄,积极组织同学们参加活动。

(4)歌唱社团(图2-4-7)。歌唱社团以"快乐歌唱、享受歌唱"为宗旨,通过社团活动这个平台,同学们互相交流,互相学习,提高自身的歌唱能力。

图2-4-6　足球社团　　　　　　图2-4-7　歌唱社团

(5)演讲社团(图2-4-8)。演讲社团旨在实现展现学生讲的艺术、说的风采,促进学生口才文化与和谐人际关系建设,提高学生的文化素质。

(6)跆拳道社团(图2-4-9)。跆拳道社团是我院成立最早的社团之一。跆拳道具有防身、健身、娱乐观赏等多方面的作用,是练习者精神和身体的综合修炼,可使练习者在艰辛的磨炼中培养出理想的人格和体魄,并能够真正掌握防身自卫的本领。

图2-4-8　演讲社团　　　　　　图2-4-9　跆拳道社团

(7)羽毛球社团(图2-4-10)。羽毛球社团旨在提高学生羽毛球技艺,组织学校学生进行羽毛球比赛,强健同学们的体魄。社团汇集学校中热爱羽毛球的同学在课外时间进行锻炼,丰富同学们的课余生活。

(8)摄影社团(图2-4-11)。摄影社团的每一位社员都对摄影抱有浓厚的兴趣,每一个社员都会用眼睛、用专业的知识、用手头的工具,去观察去记录身边稍纵即逝的美。

汽车学院部分社团介绍

图 2-4-10　羽毛球社团

图 2-4-11　摄影社团

活动展示

教师审核视频，学生以小组为单位在自媒体上展示，获取点赞量。

活动评价

本活动的活动评价表见表 2-4-1。

活 动 评 价 表　　　　　　　　表 2-4-1

评分项 （占比）	是否达到目标 （30%）	活动表现 （40%）	职业素养 （30%）
评价标准 （占比）	(1)完全达到； (2)基本达到； (3)未能达到	(1)积极参与； (2)主动性一般； (3)未积极参与	(1)大幅提高； (2)略有提高； (3)没有提高
自我评价(20%)			
组内评价(20%)			
组间评价(30%)			
教师评价(30%)			
总分(100%)			
自我总结			

项目三 汽车检测与维修专业技术概述

任务一 认识汽车

任务目标

（1）能熟练介绍汽车的分类、基本结构、整车布置形式等内容。
（2）能简单介绍汽车的基本参数。

任务内容

活动："今天我来当老师"——带你认识汽车

活动："今天我来当老师"——带你认识汽车

人类历史进入现代社会以来，还没有任何一件产品能够像汽车那样，对人们的出行，对经济、科技、资源、环境、城市发展等诸多方面，产生如此强烈而深远的影响。汽车不仅仅是一种交通工具、一个产业，更是一种文化。在中国已经超越美国成为世界第一大汽车市场之际，作为未来汽车维修行业的高技能人才，我们一起来了解汽车的种类、基本结构、基本参数等知识，提高我们的专业素养，体会汽车带给我们的种种欢乐。

活动场景

做了这么多年学生，你是否也想体验一把站上讲台当老师的感觉呢？现在机会来了，本次课将由你客串一回老师，在讲台上，将你所了解的汽车的种类、基本结构、基本参数等知识有效地介绍给同学们。

活动目标

（1）能用标准普通话流利地向同学介绍汽车的基本知识。

（2）能从已有资源中熟练进行汽车相关知识信息的检索、归纳总结、提取，熟练掌握汽车的种类、基本结构、基本参数等知识。

（3）在客串老师过程中能注意仪容仪表、语言表达、肢体语言运用等方面，考虑受众的感受和学习效果。

（4）能指出别人的优点，总结出自己的不足，能对客串老师进行点评。

活动计划

任课老师将全班同学随机分成不同的小组，每个小组 6 名同学，根据各自特点和意愿，分工如下：

1 名同学任组长，负责调度小组成员工作任务的落实进度，督促提高工作质量，对小组同学进行考核。

1 名同学客串老师，负责将本小组同学检索提取的汽车基本知识整理成文，并将其介绍给全班同学，登台"表演"。

4 名同学负责汽车相关基本知识和教师上课注意事项的检索、归纳总结、提取，整理出知识点提供给客串老师。

活动资源

一、汽车的定义

我国最新国家标准《汽车和挂车类型的术语和定义》（GB/T 3730.1—2001）对汽车的定义是：由动力驱动，具有 4 个或 4 个以上车轮的非轨道承载的车辆，主要用于①载运人员和/或货物；②牵引载运人员和/或货物的车辆；③特殊用途。汽车还包括与电力线相连的车辆，如无轨电车；整车整备质量超过 400kg 的三轮车辆。

二、汽车的分类

汽车有许多种分类方法，常用的分类方法有以下几种。

1. 按汽车的动力装置分类

汽车按动力装置不同分类见表 3-1-1。

汽车按动力装置不同分类　　　　表 3-1-1

种类		特点
内燃机汽车	汽油机汽车	用汽油发动机作为动力装置,功率高,外形紧凑,广泛用于轿车
	柴油机汽车	用柴油发动机作为动力装置的汽车,转矩大,燃油经济性好,广泛用于载货汽车,轿车也有部分应用
	清洁燃料汽车	使用非石油提炼的天然气、醇类燃料、醚类燃料、生物柴油、煤制油及氢气等作为直接燃料的汽车。可以减少对石油的消耗,降低空气污染,减少 CO、HC 和有害颗粒物的排放
电动汽车	纯电动汽车	以车载电源(高性能蓄电池)为动力,用电动机驱动行驶的车辆。动力来源广泛,可利用现行常规电源为蓄电池充电,真正实现零排放和低噪声
	燃料电池电动汽车	以氢气、甲醇等为燃料,通过化学反应产生电流,依靠电动机驱动。高效、无污染或低污染
	混合动力电动汽车	装有两种或更多动力源,采用复合方式驱动。能够实现两种动力类型的最佳利用,效率高,废气排放少,节约燃料

2. 按发动机位置和驱动方式分类

发动机位置和驱动方式主要是指汽车传动系的布置形式。根据不同的使用要求,目前常见的有以下几种布置形式。

(1) 发动机前置,前轮驱动(FF)。

发动机前置,前轮驱动是现代大多数轿车采用的布置形式,如图 3-1-1 所示。该形式具有结构紧凑、整车质量小、底盘低、高速时操纵稳定性好等特点,由于没有传动轴,故乘员室宽敞、舒适。

(2) 发动机前置,后轮驱动(FR)。

这是汽车的传统布置形式,如图 3-1-2 所示。货车、部分中高级乘用车、客车多采用此布置形式。该布置形式具有很好的重平衡性,控制性和稳定性较好,车辆爬坡能力较好。

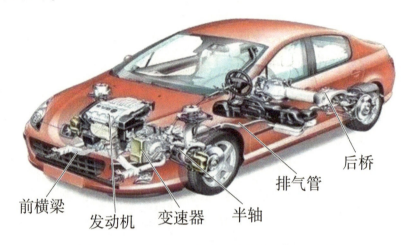

图 3-1-1　发动机前置,前轮驱动示意图

图 3-1-2　发动机前置,后轮驱动示意图

(3)发动机中置,后轮驱动(MR)。

发动机中置后轮驱动是方程式赛车和大多数跑车采用的布置形式,如图 3-1-3 所示。该形式将发动机布置在驾驶人座椅和后轴之间,使前桥和后桥上有很好的重平衡性,整车轴荷分配均匀,操控特性较好。但由于发动机中置占去了座舱的空间,故空间利用率和实用性较低。

(4)发动机后置,后轮驱动(RR)。

大、中型客车常采用该布置形式,发动机的振动、噪声、油气味对乘员影响小,空间利用率较高。

(5)四轮驱动(4WD)。

四轮驱动布置形式(图 3-1-4)是指汽车 4 个车轮都是驱动轮,可以在路况不理想的状况下保持稳定行驶。这种布置形式在越野车、高性能轿车上应用较多，因 4 个车轮均有动力，故地面附着力大，通过性和动力性较好。

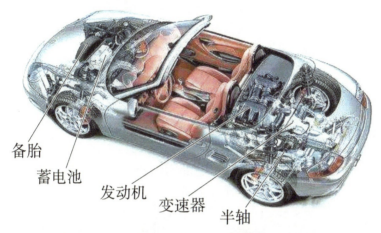

图 3-1-3　发动机中置，后轮驱动示意图

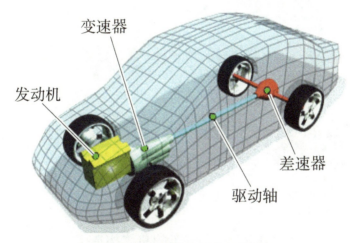

图 3-1-4　四轮驱动示意图

3. 按汽车用途分类

汽车按用途不同分为乘用车和商用车两大类，如图 3-1-5 所示。乘用车是指在其设计和技术特性上主要用于载运乘客及其随身行李或临时物品的汽车，包括驾驶人座位在内一般最多不超过 9 个座位。商用车是指在设计和技术特性上用于运送人员和货物的汽车，并且可以牵引挂车。乘用车和商用车更详细的类型划分可查阅《汽车和挂车类型的术语和定义》（GB/T 3730.1—2001）。

三、汽车的总体构造

汽车发展至今，已经相当的成熟，各式各样的车辆层出不穷，但总体构造却一直没有太大的变化。汽车通常由发动机、底盘、电气设备和车身4部分组成,如图 3-1-6 所示。

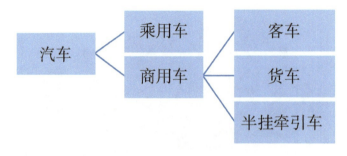

图 3-1-5　汽车按用途不同分类

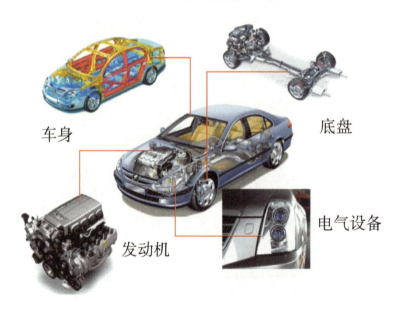

图 3-1-6　汽车的总体构造

1. 发动机

发动机是汽车的动力源,决定着汽车的动力性、经济性、稳定性和环保性,其功用是使供入其中的燃料燃烧而产生动力。目前汽车发动机主要采用往复活塞式内燃机,一般由曲柄连杆机构、配气机构、燃料供给系统、点火系统、起动系统、冷却系统和润滑系等组成。发动机实物图如图 3-1-7 所示。

2. 底盘

底盘是用于支撑、安装汽车发动机及其各部件和总成,形成汽车的整体造型,接受发动机的动力,使汽车产生运动,保证正常行驶。底盘由传动系统、行驶系统、转向系统和制动系统组成,如图 3-1-8 所示。

项目三　汽车检测与维修专业技术概述

图 3-1-7　发动机实物图

图 3-1-8　底盘结构示意图

3. 电气设备

电气设备包括电源系统（蓄电池、发电机和调节器）、发动机起动系统和点火系统、汽车照明和信号装置、仪表与报警系统、汽车安全辅助装置、导航系统、电视、音响、电话等电子设备、微处理机、中央计算机及各种人工智能装置等，如图 3-1-9 所示。

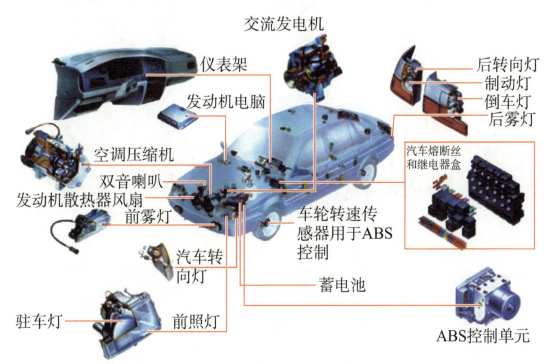

图 3-1-9　电气设备实物图

47

4. 车身

汽车车身不仅要为驾驶人提供方便的操作条件、为乘客提供舒适安全的环境或保证货物完好无损,还要求其外形精致,给人以美的享受。汽车车身结构从形式上说,主要分为非承载式车身和承载式车身两种。货车的车身一般为非承载式车身;轿车的车身现在均为承载式车身,如图3-1-10所示。

图3-1-10　轿车承载式车身

四、汽车的主要技术参数

1. 汽车的主要外部尺寸

汽车的主要外部尺寸如图3-1-11所示。

图3-1-11　轿车外部尺寸示意图(尺寸单位:mm)

(1)车长:指垂直于车辆纵向对称平面,并分别抵靠在汽车前、后最外端突出部位的两垂直面间的距离,简单地说是汽车长度方向两极端点间的距离。

(2)车宽:指平行于车辆纵向对称平面并分别抵靠车辆两侧最外刚性固定突出部位(除后视镜、侧面标志灯、方位灯、转向灯等)的两平面之间的距离。

(3)车高:指车辆最高点与车辆支承平面之间的距离。

(4)轴距:指车辆同侧相邻前后两个车轮的中心点间的距离。

(5)轮距：指在支承平面上，同轴左右车轮两轨迹中心间的距离（轴两端为双轮时，为左右两条双轨迹的中线间的距离）。

(6)前悬：指汽车最前端至前轴中心的水平距离。

(7)后悬：指汽车最后端至后轴中心的水平距离。

2.汽车的机动性和通过参数

汽车的机动性和通过参数如图 3-1-12 所示。

图 3-1-12　汽车的机动性和通过参数示意图

(1)接近角和离去角：主要是指自车身前、后突出点向前、后车轮引切线时，切线与路面之间的夹角。接近角和离地角越大，汽车的通过性越好。

(2)纵向通过角：主要是指在汽车空载、静止时，在汽车侧视图上通过前、后车轮外缘做切线交于车体下部较低部位所形成的最小锐角。纵向通过角越小，汽车的通过性越好。

3.动力性参数

(1)排量：发动机汽缸活塞从上止点移动到下止点所通过的空间容积称为汽缸排量。如果发动机有若干个汽缸，所有汽缸排量之和称为发动机排量，一般用 L 来表示。

(2)转矩：转矩是发动机性能的一个重要参数，是指发动机运转时从曲轴端输出的平均力矩，俗称为发动机的"转劲"。转矩越大，发动机输出的"劲"越大，曲轴转速的变化也越快，汽车的爬坡能力、起步速度和加速性也越好。最大转矩一般出现在发动机的中、低转速的范围，随着转速的提高，转矩反而会下降。转矩的单位是 $N·m$。

> 活动展示

各小组负责展示的同学客串老师，走上讲台面向全体同学进行汽车基本知识的讲授,教师审核并进行评价,各小组同学认真听讲互动并作出评价。非展示同学根据各自分工和工作情况分别对自己和他人进行评价。

活动评价

本活动的活动评价表见表3-1-2。

活动评价表　　　　　　　　表3-1-2

评分项 （占比）	是否达到目标 （30%）	活动表现 （40%）	职业素养 （30%）
评价标准 （占比）	(1)完全达到； (2)基本达到； (3)未能达到	(1)积极参与； (2)主动性一般； (3)未积极参与	(1)大幅提高； (2)略有提高； (3)没有提高
自我评价(20%)			
组内评价(20%)			
组间评价(30%)			
教师评价(30%)			
总分(100%)			
自我总结			

任务二　曲柄连杆机构

任务目标

(1)能叙述发动机曲柄连杆机构的作用和组成。
(2)能在发动机上找出曲柄连杆机构部件的位置。
(3)能做出简单介绍曲柄连杆机构的视频。

项目三　汽车检测与维修专业技术概述

活动:曲柄连杆机构零件照片的制作

活动:曲柄连杆机构零件照片的制作

曲柄连杆机构是汽车发动机(汽油机和柴油机)的重要组成部分,通过对其功用、组成和基本结构的学习,使学生了解和掌握汽车发动机的基本构造,同时培养学生对汽车发动机的学习兴趣,并为后续专业课程的学习和从事相关工作打下坚实的基础。

活动场景

学生将自己查到的曲柄连杆机构部件名称写到照片上,各小组将照片进行处理后,发到微信群中。

活动目标

(1)能用普通话流利地介绍发动机曲柄连杆机构各零件名称。
(2)能让学生合理使用手机进行学习。
(3)照片要求:
①照片清晰、零件名称完整。
②介绍时能使用普通话,大方、得体。

活动计划

1. 分工
2 名拍照人员:_____　　1 名介绍人员:_____
2 名零件名称查找人员:_____　　1 名导演:_____
1 名后期制作人员:_____
2. 设备准备
_____
_____
_____

51

3. 准备

_____

_____

_____

活动资源

1. 概述

(1) 功用。曲柄连杆机构是将活塞的往复运动转变为曲轴的旋转运动,同时将作用于活塞上的力转变为曲轴对外输出的转矩,以驱动汽车车轮转动。

(2) 组成。曲柄连杆机构的主要零件可以分为三组,机体组、活塞连杆组和曲轴飞轮组。

2. 机体组

如图3-2-1所示,机体组是构成发动机的骨架,是发动机各机构和各系统的安装基础。机体组内外安装着发动机的主要零件和附件,承受各种荷载。

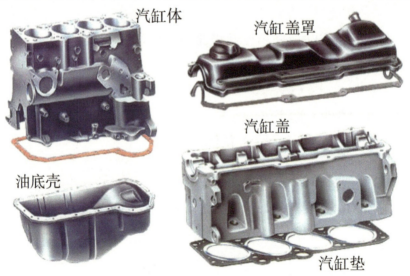

图 3-2-1　机体组

3. 活塞连杆组

活塞连杆组是发动机的主要运动机构。其功用是将活塞的往复运动转变为曲轴的旋转运动,同时将作用于活塞上的力转变为曲轴对外输出的转矩。

如图3-2-2所示,活塞连杆组由活塞、活塞销、连杆、连杆轴承盖等组成。

项目三 汽车检测与维修专业技术概述

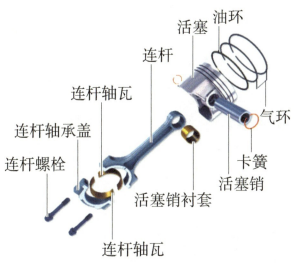

图3-2-2 活塞连杆组结构

4. 曲轴飞轮组

曲轴飞轮组主要由曲轴、飞轮以及其他不同作用的零件和附件组成,如图3-2-3所示。其零件和附件的种类和数量取决于发动机的结构和性能要求。

图3-2-3 曲轴飞轮组结构

活动展示

教师审核视频,学生以小组为单位在自媒体上展示,获取点赞量。

活动评价

本活动的活动评价表见表3-2-1。

活 动 评 价 表　　　　　　表 3-2-1

评分项 （占比）	是否达到目标 （30%）	活动表现 （40%）	职业素养 （30%）
评价标准 （占比）	(1) 完全达到； (2) 基本达到； (3) 未能达到	(1) 积极参与； (2) 主动性一般； (3) 未积极参与	(1) 大幅提高； (2) 略有提高； (3) 没有提高
自我评价(20%)			
组内评价(20%)			
组间评价(30%)			
教师评价(30%)			
总分(100%)			
自我总结			

任务三　配气机构

任务目标

（1）能叙述发动机配气机构的作用和组成。
（2）能在发动机上找出配气机构的正时标记。
（3）能叙述气门间隙不合适对进排气的影响。

任务内容

活动一：小组PK，我是大赢家

活动二:画一画配气相位图

活动一:小组 PK,我是大赢家

活动场景

配气机构的知识相对复杂,学生对知识的掌握程度不一。为了活跃课堂气氛,增进团队合作,各小组进行知识 PK。

活动目标

(1)能用普通话流利地向大家介绍配气机构。
(2)能将介绍过程(视频、照片)合成为 2min 左右的视频。
(3)视频要求:
①小组展示人员讲解合理、完整。
②介绍时能使用普通话,大方、得体。
③视频完整、清晰。

活动计划

1. 分工
2 名讲解稿编写人员:_____ 1 名展示人员:_____
1 名摄像人员:_____ 1 名拍照人员:_____
1 名编剧:_____ 1 名后期制作人员:_____

2. 设备准备
_____
_____

3. 讲解稿准备
_____
_____
_____
_____

活动资源

1. 配气机构的功用及组成

配气机构是进、排气管道的控制机构,它是按照汽缸的工作顺序和工作过程的要求,适时地开启和关闭进、排气门,使新鲜可燃混合气(汽油机)或空气(柴油机)得以及时进入汽缸,废气得以及时从汽缸排出。另外,当进、排气门关闭时,要保证汽缸密封。

如图 3-3-1 所示,气门式配气机构由气门组和气门传动组两部分组成。

2. 气门组

气门组包括气门、气门导管、气门弹簧、气门锁环和气门油封等,如图 3-3-2 所示。

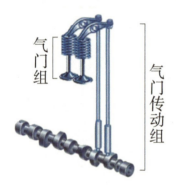

图 3-3-1　气门式配气机构组成

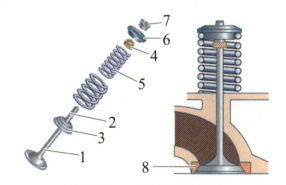

图 3-3-2　气门组的组成

1-气门;2-气门导管;3-气门弹簧下座圈;4-气门油封;5-气门弹簧;6-气门弹簧座;7-气门锁环;8-气门座

3. 气门传动组

(1)凸轮轴。凸轮轴的结构如图 3-3-3 所示。

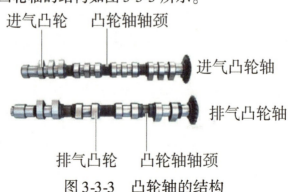

图 3-3-3　凸轮轴的结构

（2）挺柱。挺柱是凸轮的从动件，其功用是将来自凸轮的运动和作用力传给推杆或气门，同时还承受凸轮所施加的侧向力，并将其传给机体或汽缸盖。如图 3-3-4 所示，挺柱可分为机械式挺柱和液压式挺柱两大类。

（3）推杆。推杆处于挺柱和摇臂之间，其功用是将挺柱传来的运动和作用力传给摇臂，如图 3-3-5 所示。

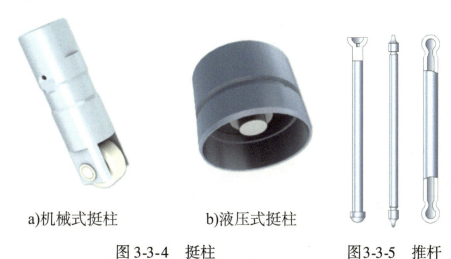

a) 机械式挺柱　　b) 液压式挺柱

图 3-3-4　挺柱　　　　图 3-3-5　推杆

（4）摇臂。摇臂的功用是将推杆和凸轮传来的运动和作用力改变方向，传给气门使其开启。摇臂的结构如图 3-3-6 所示。

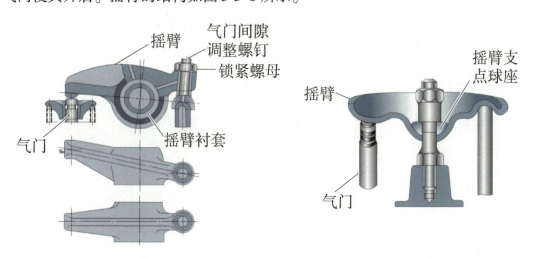

图 3-3-6　摇臂结构

活动评价

本活动的活动评价表见表 3-3-1。

活动评价表　　　　　　　　　　表3-3-1

评分项 （占比）	是否达到目标 （30%）	活动表现 （40%）	职业素养 （30%）
评价标准 （占比）	(1)完全达到； (2)基本达到； (3)未能达到	(1)积极参与； (2)主动性一般； (3)未积极参与	(1)大幅提高； (2)略有提高； (3)没有提高
自我评价(20%)			
组内评价(20%)			
组间评价(30%)			
教师评价(30%)			
总分(100%)			
自我总结			

活动二：画一画配气相位图

活动场景

学生将自己查到的配气相位图画到卡片上，画得最快且内容正确的小组获胜。

活动目标

通过画配气相位图，加深对知识点的记忆。

活动计划

1. 分组

2. 分工

___

3. 设备准备

___

4. 小组计划

___

任务四　燃料供给系统

任务目标

(1) 能叙述汽油机燃料供给系统的组成及主要部件的作用和工作原理。

(2) 能叙述电控高压共轨式柴油机燃料供给系统的组成及主要部件的作用和工作原理。

(3) 能正确选用燃油的牌号。

任务内容

活动一:"今天我是讲解员"——带你认识燃料供给系统

活动二:我是猜谜小能手

活动一:"今天我是讲解员"——带你认识燃料供给系统

活动场景

招生办公室工作人员带领着学生和家长来到发动机一体化教室参观,由你负责介绍。要求让学生和家长对燃料供给系统有清晰的认识,最终将介绍的过程以视频的形式记录下来。

活动目标

(1) 能在汽车上找到燃料供给系统的零件并展示。
(2) 能将展示过程(视频、照片)合成为2min左右的视频。
(3) 视频要求：
①小组展示人员讲解合理、完整。
②介绍时能使用普通话,大方、得体。
③视频完整、清晰。

活动计划

1. 分工
3 学生及家长：_____　　　1 名展示人员：_____
1 名摄像人员：_____　　　1 名拍照人员：_____
1 名编剧：_____　　　　　1 名后期制作人员：_____

2. 设备准备
_____
_____

3. 零件寻找
_____
_____
_____
_____

活动资源

一、汽油机燃料供给系统

目前,国产轿车均装备了如图3-4-1所示的燃料供给系统。

1. 汽油机燃料供给系统的组成以及功用

汽油机燃料供给系统一般由燃油箱、电动燃油泵、燃油压力调节器、燃油滤清器、喷油器、燃油分配管等组成,用来完成汽油的输送、清洁和喷射任务。汽油机燃料供给系统的功用是根据发动机的不同工况需要,配制出一定数量和浓度的可燃混合气,供入汽缸,并将燃烧后的废气排出汽缸。

2. 电控汽油喷射系统主要组件的构造和工作原理

如图 3-4-2 所示,各类电控汽油喷射系统主要组件包括传感器、执行器和发动机控制单元三部分。

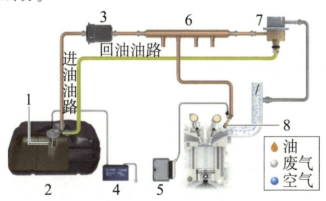

图 3-4-1　汽油机燃料供给系统

1-汽油泵;2-汽油箱;3-汽油滤清器;4-蓄电池;5-电子控制单元(ECU);6-燃油分配管;7-汽油压力调节器;8-喷油器

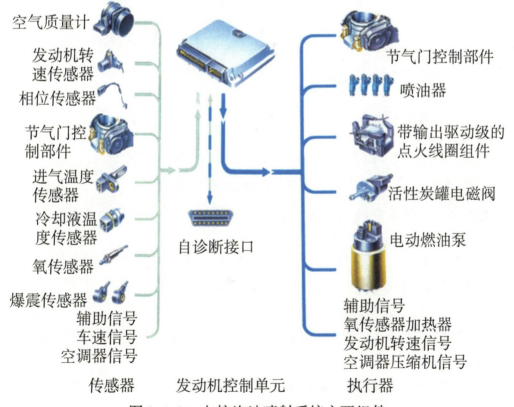

图 3-4-2　电控汽油喷射系统主要组件

1)燃油供给系统主要组件

燃油供给系统由汽油箱、电动汽油泵、汽油滤清器、燃油分配管、油压调节器、喷油器、冷起动喷嘴和输油管等组成,有的还设有油压脉动缓冲器。

2)空气系统主要组件

各类电控汽油喷射系统的空气系统主要包括空气流量计、补充空气阀、怠速控制阀、节气门及空气滤清器等。

二、柴油机燃料供给系统

1. 柴油机燃料供给系统的分类

柴油机的燃料供给系分为传统机械式燃料供给系统(图3-4-3)和现在汽车上常用的高压共轨电喷燃油供给系统。

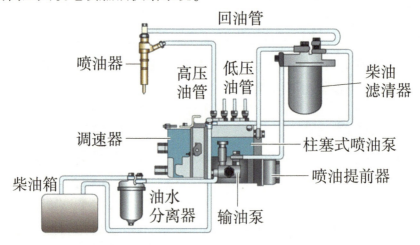

图3-4-3 传统机械式燃料供给系统

2. 电控高压共轨式柴油机燃料供给系统概述

电控高压共轨式柴油机燃料供给系统如图3-4-4所示。

1)高压燃油泵的分类

高压燃油泵的种类很多,在汽车柴油机上得到广泛应用的有直列柱塞式喷油泵、泵喷油器和转子分配式喷油泵等,如图3-4-5所示。

2)电控高压共轨式柴油机燃料供给系统的优点

与其他燃料供给系统相比,电控高压共轨式柴油机燃料供给系统具有众多优点,主要包括:

(1)可实现高压喷射,喷油压力可比一般直列泵系统高出一倍,最高达200MPa。

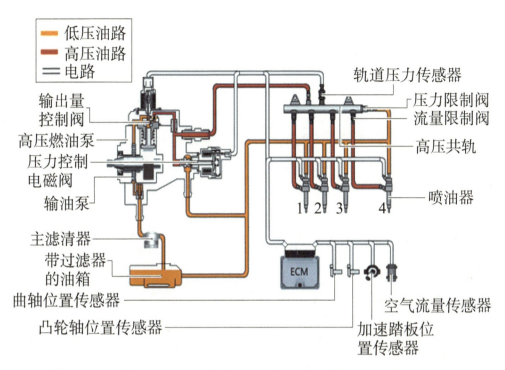

图 3-4-4　电控高压共轨式柴油机燃料供给系统

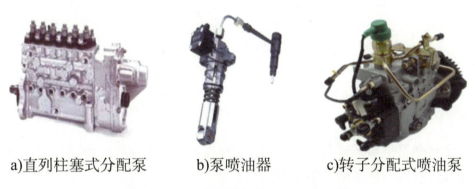

a) 直列柱塞式分配泵　　b) 泵喷油器　　c) 转子分配式喷油泵

图 3-4-5　不同种类的高压喷油泵

(2) 喷油压力独立于发动机转速,在发动机低速、部分负荷工况下也能产生高的喷油压力。

(3) 可自由选定喷油定时和喷油量,可由单次喷射过程变为多次喷射。

(4) 结构简单,可靠性好,适用范围广泛,可在各级、各类车辆上应用。

活动评价

本活动的活动评价表见表 3-4-1。

活动评价表　　　　　表3-4-1

评分项 （占比）	是否达到目标 （30%）	活动表现 （40%）	职业素养 （30%）
评价标准 （占比）	(1)完全达到； (2)基本达到； (3)未能达到	(1)积极参与； (2)主动性一般； (3)未积极参与	(1)大幅提高； (2)略有提高； (3)没有提高
自我评价(20%)			
组内评价(20%)			
组间评价(30%)			
教师评价(30%)			
总分(100%)			
自我总结			

活动二：我是猜谜小能手

活动场景

教师将燃料供给系部件写到卡片上，并说出零件的特点，由学生猜出部件名称，猜得最快、猜中最多的小组获胜。

活动目标

熟练掌握燃料供给系组成部件名称及作用。

活动计划

1. 分组

2. 分工

3. 设备准备

4. 小组计划

任务五　起动系统

任务目标

(1) 能叙述汽油机起动系统的组成及主要部件的作用和工作原理。
(2) 能在发动机上找出起动系统各部件的位置。
(3) 能做出介绍起动系统的视频。

任务内容

活动:"我的起动系统示教板"我来讲,试讲比赛

活动:"我的起动系统示教板"我来讲,试讲比赛

起动系统是汽车发动机的重要组成部分。通过对其功用、组成和基本结构的学习,使学生了解和掌握汽车发动机的基本构造,同时培养学生对汽车发动机的兴趣和爱好,并为后续专业课程的学习和从事相关工作打下坚实的基础。

活动场景

企业领导到校想了解一下学生对发动机起动系统的学习情况,用试讲的方式向企业领导展示一下,让其对我们的学习生活能有深刻印象。将介绍的过程以视频的形式记录下来。

活动目标

(1)能用普通话流利地向参观人员介绍实训场地。

(2)能将介绍过程(视频、照片)合成为2min左右的视频。

(3)视频要求：

①"剧本"合理、完整。

②介绍时能使用普通话,大方、得体。

③视频完整、清晰。

活动计划

1. 分工

2名领导：_____   1名介绍人员：_____

1名摄像人员：_____   1名拍照人员：_____

1名导演：_____   1名编剧：_____

1名后期制作人员：_____

2. 设备准备

_____

_____

3. 剧本准备

_____

_____

_____

_____

活动资源

  为了使静止的发动机进入工作状态,必须先用外力转动发动机曲轴,使活塞开始上下运动,汽缸内吸入可燃混合气,并将其压缩、点燃,体积迅速膨胀产生强大的动力,推动活塞运动并带动曲轴旋转,发动机才能自动地进入工作循环。发动机的曲轴在外力作用下开始转动到发动机自动怠速运转的全过程,称为发动机的起动过程。完成起动所需要的装置称为起动系统。

  发动机起动时,必须克服汽缸内被压缩气体产生的阻力和发动机本身及其附件内相对运动的零件之间的摩擦阻力,克服这些阻力所需的力矩称为起动转矩。能使发动机顺利起动所必需的曲轴转速，称为起动转速。

1. 电力起动机

用电力起动机起动发动机几乎是现代汽车唯一的起动方式。电力起动机简称起动机，如图 3-5-1 所示，它由直流电动机、传动机构、控制机构等组成。

图 3-5-1　电力起动机

2. 减速起动机

在起动机的电枢轴与驱动齿轮之间装有齿轮减速器的起动机，称为减速起动机。减速起动机的齿轮减速器有外啮合式、内啮合式、行星齿轮式三种不同形式，如图 3-5-2 所示。

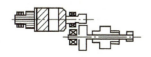 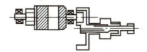 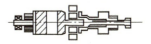

图 3-5-2　减速起动机的三种形式

3. 永磁起动机

以永磁材料作为磁极的起动机，称为永磁起动机。它取消了传统起动机中的励磁绕组和磁极铁芯，使起动机的结构简化、体积减小、质量大大减轻、可靠性提高，并节省了金属材料。

活动评价

本活动的活动评价表见表 3-5-1。

活动评价表　　　　　　表 3-5-1

评分项（占比）	是否达到目标（30%）	活动表现（40%）	职业素养（30%）
评价标准（占比）	(1) 完全达到；(2) 基本达到；(3) 未能达到	(1) 积极参与；(2) 主动性一般；(3) 未积极参与	(1) 大幅提高；(2) 略有提高；(3) 没有提高
自我评价（20%）			

续上表

评分项（占比）	是否达到目标（30%）	活动表现（40%）	职业素养（30%）
组内评价(20%)			
组间评价(30%)			
教师评价(30%)			
总分(100%)			
自我总结			

任务六　点　火　系　统

任务目标

(1)能叙述汽油机点火系统的组成及主要部件的作用和工作原理。
(2)能在发动机上找出点火系统各部件的位置。
(3)能做出介绍点火系统的视频。

任务内容

活动:"我的点火系统示教板"我来讲,试讲比赛

活动:"我的点火系统示教板"我来讲,试讲比赛

汽油机在压缩接近上止点时,可燃混合气是由火花塞点燃的,从而燃烧对外做功,为此,汽油机的燃烧室中都装有火花塞。火花塞有一个中心电极和一个侧电极,两电极之间是绝缘的。当在火花塞两电极间加上直流电压并且电压升高到一定值时,火花塞两电极之间的间隙就会被击穿而产生电火花。能够在火花

塞两电极间产生电火花所需要的最低电压称为击穿电压,能够在火花塞两电极间产生电火花的全部设备称为发动机点火系统。

活动场景

家长到校想了解一下实训场地发动机点火系统的学习情况,用试讲的方式给家长展示一下,让其对我们的学习生活能有深刻印象。将介绍的过程以视频的形式记录下来。

活动目标

(1)能用普通话流利地向参观人员介绍实训场地。
(2)能将介绍过程(视频、照片)合成为 2min 左右的视频。
(3)视频要求:
①"剧本"合理、完整。
②介绍时能使用普通话,大方、得体。
③视频完整、清晰。

活动计划

1. 分工

2名领导:_____   1名介绍人员:_____
1名摄像人员:_____   1名拍照人员:_____
1名导演:_____   1名编剧:_____
1名后期制作人员:_____

2. 设备准备

_____
_____

3. 剧本准备

_____
_____
_____
_____

活动资源

一、点火系统概述

1. 点火系统的功用

点火系统的基本功用是在发动机各种工况和使用条件下,在汽缸内适时、准确、可靠地产生电火花,以点燃可燃混合气,使发动机做功。

2. 点火系统的类型

点火系统按其组成和产生高压电方式的不同,可分为传统蓄电池点火系统(图 3-6-1)、电子点火系统(图 3-6-2)、微机控制点火系统(图 3-6-3)和磁电机点火系统。

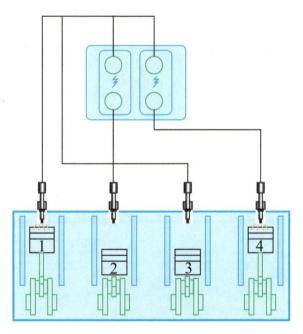

图 3-6-1　传统蓄电池点火系统

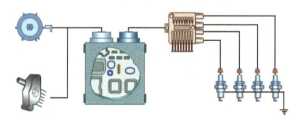

图 3-6-2　电子点火系统

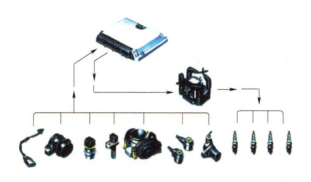

图 3-6-3　微机控制点火系统

传统蓄电池点火系统由于存在产生的高压电比较低、高速时工作不可靠、使用过程中需经常检查和维护等缺点,目前正在逐渐被电子点火系统和微机控制点火系统所取代。

电子点火系统以蓄电池和发电机为电源,与传统蓄电池点火系统相比具有点火可靠、使用方便等优点,是目前国内外汽车上广泛采用的点火系统。

微机控制点火系统与上述两种点火系统相同,也以蓄电池和发电机为电源,借点火线圈将电源的低压电转变为高压电,再由分电器将高压电分配到各缸火花塞,并由微机控制系统根据各种传感器提供的反映发动机工况的信息,发出点火控制信号,控制点火时刻,点燃可燃混合气。它还可以取消分电器,由微机控制系统直接将高压电分配给各汽缸。微机控制点火系统是目前最新型的点火系统,已广泛应用于各种中、高级轿车中。

3. 点火系统的基本要求

点火系统应在发动机各种工况和使用条件下保证可靠而准确地点火。为此,点火系统应满足以下基本要求:

(1)能产生足以击穿火花塞两电极间隙的电压。使火花塞两电极之间的间隙击穿并产生电火花所需要的电压,称为火花塞击穿电压。为了使发动机在各种不同的工况下均能可靠地点火,要求火花塞击穿电压应在 15~20kV。

(2)电火花应具有足够的点火能量。为了使混合气可靠点燃,火花塞产生的火花应具备一定的能量。为保证可靠点火,一般应保证 50~80mJ 的点火能量,起动时应能产生大于 100mJ 的点火能量。

(3)点火时刻应与发动机的工作状况相适应。首先发动机的点火时刻应满足发动机工作循环的要求;其次可燃混合气在汽缸内从开始点火到完全燃烧需要一定的时间(千分之几秒),所以要使发动机产生最大的功率,就不应在压缩行程终了(上止点)点火,而应适当地提前一个角度。这样当活塞到达上止点时,混合气已经接近充分燃烧,发动机才能发出最大功率。

二、传统点火系统的组成与工作原理

1. 传统点火系统的组成

传统点火系统的组成如图3-6-4所示。其主要由电源(蓄电池和发电机)、点火开关、点火线圈、电容器、断电器、配电器、火花塞、阻尼电阻和高压导线等组成。

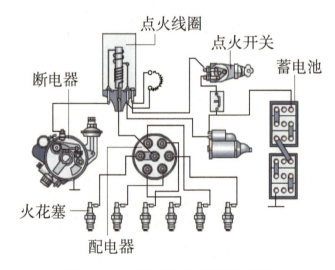

图3-6-4 传统点火系统的组成

图3-6-5 分电器构造

点火开关用来控制仪表电路、点火系统初级电路以及起动机继电器电路的开与闭。

点火线圈相当于自耦变压器,用来将电源供给的12V、24V或6V的低压直流电转变为15~20kV的高压直流电。

分电器(图3-6-5)由断电器、配电器、电容器和点火提前调节装置等组成,它用来在发动机工作时接通与切断点火系统的初级电路,使点火线圈的次级绕组中产生高压电,并按发动机要求的点火时刻与点火顺序,将点火线圈产生的高压电分配到相应汽缸的火花塞上。

2. 传统点火系统的工作原理

接通点火开关,发动机开始运转。发动机运转过程中,断电器凸轮不断旋转,使断电器触点不断地开、闭。当断电器触点闭合时,蓄电池的电流从蓄电池正极出发,经点火开关、点火线圈的初级绕组、断电器活动触点臂、触点、分电器壳体搭铁,流回蓄电池的负极。当断电器的触点被凸轮顶开时,初级电路被切断,点火线圈初级绕组中的电流迅速下降到零,线圈周围和铁芯中的磁场也迅速衰减以至消失。因此,在点火线圈的次级绕组中产生感应电压,称为次级电压,其中通过的电流称为次级电流,次级电流流过的电路称为次级电路。传统点火系统电路如图 3-6-6 所示。

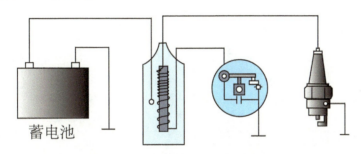

图 3-6-6　传统点火系统电路图

触点断开后,初级电流下降的速率越高,铁芯中的磁通变化率越大,次级绕组中产生的感应电压越高,越容易击穿火花塞间隙。当点火线圈铁芯中的磁通发生变化时,不仅在次级绕组中产生高压电(互感电压),同时也在初级绕组中产生自感电压和电流。在触点分开、初级电流下降的瞬间,自感电流的方向与原初级电流的方向相同,其电压高达 300V。该电压将击穿触点间隙,在触点间产生强烈的电火花,这不仅使触点迅速氧化、烧蚀,影响断电器正常工作,同时使初级电流的变化率下降,次级绕组中感应的电压降低,火花塞间隙中的火花变弱,以致难以点燃混合气。为了消除自感电压和电流的不利影响,在断电器触点之间并联有电容器。在触点分开瞬间,自感电流向电容器充电,可以减小触点之间的火花,加速初级电流和磁通的衰减,并提高了次级电压。传统点火系统工作示意图如图 3-6-7 所示。

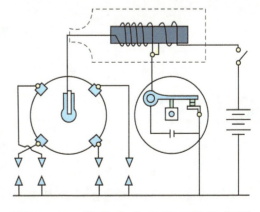

图 3-6-7　传统点火系统工作示意图

活动展示

教师审核视频,学生以小组为单位在自媒体上展示,获取点赞量。

活动评价

本活动的活动评价表见表3-6-1。

活动评价表　　　　　　　　表3-6-1

评分项 （占比）	是否达到目标 （30%）	活动表现 （40%）	职业素养 （30%）
评价标准 （占比）	(1)完全达到； (2)基本达到； (3)未能达到	(1)积极参与； (2)主动性一般； (3)未积极参与	(1)大幅提高； (2)略有提高； (3)没有提高
自我评价(20%)			
组内评价(20%)			
组间评价(30%)			
教师评价(30%)			
总分(100%)			
自我总结			

任务七　润滑系统

任务目标

(1)能叙述汽油机润滑系统的组成及主要部件的作用和工作原理。

(2)能在发动机上找出润滑系各部件的位置。

(3)能做出介绍润滑系统的视频。

(4)能正确选用机油的牌号。

项目三 汽车检测与维修专业技术概述

任务内容

活动：找一找，看一看，我是"智多星"

活动：找一找，看一看，我是"智多星"

发动机工作时，各运动零件均以一定的力作用在另一个零件上，并且发生高速的相对运动。有了相对运动，零件表面必然要产生摩擦，加速磨损。因此，为了减轻磨损，减小摩擦阻力，延长使用寿命，发动机上都必须有润滑系统。

活动场景

通过前面对发动机的学习，学生发动机的工作情况充满了兴趣，对知识的渴望空前高涨。同时为了丰富知识，增进团队合作，各小组进行知识PK。

活动目标

(1) 能在汽车上找到润滑系的零件并展示。
(2) 能将介绍过程(视频、照片)合成为2min左右的视频。
(3) 视频要求：
① "剧本"合理、完整。
② 介绍时能使用普通话，大方、得体。
③ 视频完整、清晰。

活动计划

1. 分工

2名领导：_____   1名介绍人员：_____
1名摄像人员：_____   1名拍照人员：_____
1名导演：_____   1名编剧：_____
1名后期制作人员：_____

2. 设备准备

_____
_____

3. 剧本准备

_____
_____
_____
_____

活动资源

一、润滑系统的功用及组成

1. 润滑系统的功用

润滑系统的功用就是在发动机工作时连续不断地把数量足够、温度适当的洁净机油输送到全部传动件的摩擦表面,并在摩擦表面之间形成油膜,实现液体摩擦,从而减小摩擦阻力、降低功率消耗、减轻机件磨损,以达到提高发动机工作可靠性和耐久性的目的。

2. 润滑方式

由于发动机传动件的工作条件不尽相同,因此,对负荷及相对运动速度不同的传动件采用压力润滑、飞溅润滑、润滑脂润滑不同的润滑方式。

3. 润滑系统的组成

润滑系统由机油泵、机油滤清器、机油冷却器、集滤器等组成。此外,润滑系统还包括机油压力表、温度表和机油管道等。

二、润滑系统主要部件的构造

1. 机油泵

机油泵的功用是保证机油在润滑系统内循环流动,并在发动机任何转速下都能以足够高的压力向润滑部位输送足够数量的机油。机油泵结构形式不同,可分为齿轮式机油泵和转子式机油泵两类。齿轮式机油泵又分内接齿轮式机油泵和外接齿轮式机油泵,一般把后者称为齿轮式机油泵。

2. 机油滤清器

机油滤清器(图 3-7-1)的功用是滤除机油中的金属磨屑、机械杂质和机油氧化物。如果这些杂质随同机油进入润滑系统,将加剧发动机零件的磨损,还可能堵塞油管或油道。

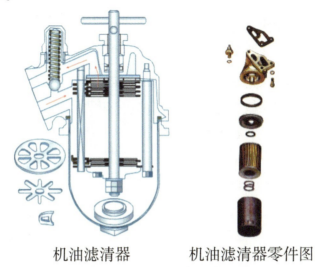

机油滤清器　　机油滤清器零件图

图 3-7-1　机油滤清器及零件图

三、机油冷却器

在高性能、大功率的强化发动机上，由于热负荷大，必须装设机油冷却器（图 3-7-2）。机油冷却器布置在润滑油路中，其工作原理与散热器相同。

图 3-7-2　机油冷却器

机油冷却器分为风冷式机油冷却器和水冷式机油冷却器两类。

水冷式机油冷却器外形尺寸小、布置方便，且不会使机油冷却过度，机油温度稳定，因而在轿车上应用较广。

活动展示

教师审核视频，学生以小组为单位在自媒体上展示，获取点赞量。

活动评价

本活动的活动评价表见表 3-7-1。

活动评价表　　　　　　　　　表3-7-1

评分项 （占比）	是否达到目标 （30%）	活动表现 （40%）	职业素养 （30%）
评价标准 （占比）	（1）完全达到； （2）基本达到； （3）未能达到	（1）积极参与； （2）主动性一般； （3）未积极参与	（1）大幅提高； （2）略有提高； （3）没有提高
自我评价(20%)			
组内评价(20%)			
组间评价(30%)			
教师评价(30%)			
总分(100%)			
自我总结			

任务八　冷却系统

任务目标

（1）能简单介绍发动机冷却系统的作用。
（2）能独立、熟练地陈述冷却系统的基本组成部件。

任务内容

活动一："我是小小汽修工——介绍作用我最懂"视频制作大赛
活动二：大家一起来挑战——冷却系统部件知多少

活动一："我是小小汽修工——介绍作用我最懂"视频制作大赛

汽车发动机由两大机构和五大系统组成，缺一不可，冷却系统是发动机中较为简单的结构,但其作用却不容忽视。

活动场景

车主李女士驾驶自己的爱车像往常一样正常上班,发现汽车上坡无力,动力明显下降,再观察汽车仪表,发现冷却液温度表指示到红色警告区域,显示冷却液温度过高。李女士立即靠边停车打电话,请求维修车辆。

活动目标

(1)能用普通话流利地向客户介绍发动机冷却系统,能将介绍过程(视频、照片)合成为2min左右的视频。

(2)视频要求:

①"剧本"合理、完整。

②介绍时能使用普通话,大方、得体。

③视频完整、清晰。

活动计划

1. 分组

将学生分成若干小组,每组自由分工,查找资料。

1名顾客:_____　　1名汽车维修工:_____

1名摄像人员:_____　　1名拍照人员:_____

1名导演:_____　　1名编剧:_____

2. 后期制作

_____

_____

3. 设备准备

_____

_____

4. 剧本准备

_____

_____

_____

活动资源

冷却系统的作用是在所有工况下,保证发动机在最适宜的温度下工作。冷却系统的结构组成如图 3-8-1 所示。

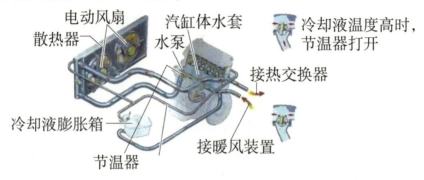

图 3-8-1　冷却系统的结构组成

为便于组织气流,散热器布置在整车的前面,但由于受到整车布置空间的限制,在其前面还布置了空调冷凝器,这会增加风阻,影响散热器的进风量,从而影响冷却系统的冷却能力。风扇布置在散热器后面,靠风扇电机带动。

活动展示

教师审核视频,学生以小组为单位在自媒体上展示,获得点赞量。

活动评价

本活动的活动评价表见表 3-8-1。

活动评价表　　　　　　　　　表 3-8-1

评分项 (占比)	是否达到目标 (30%)	活动表现 (40%)	职业素养 (30%)
评价标准 (占比)	(1)完全达到; (2)基本达到; (3)未能达到	(1)积极参与; (2)主动性一般; (3)未积极参与	(1)大幅提高; (2)略有提高; (3)没有提高
自我评价(20%)			
组内评价(20%)			

续上表

评分项 （占比）	是否达到目标 （30%）	活动表现 （40%）	职业素养 （30%）
组间评价(30%)			
教师评价(30%)			
总分(100%)			
自我总结			

活动二：大家一起来挑战——冷却系统部件知多少

活动场景

学生将自己查到的冷却系统部件写到卡片上，小组之间两两互相说出部件的作用，让对方猜出部件名称，猜得最快、正确最多的小组获胜。

活动目标

能用普通话流利地介绍发动机冷却系统组成部件。

活动计划

1. 分组

2. 分工

3. 设备准备

4. 小组计划

_____
_____
_____
_____

活动资源

在整个冷却系中,冷却介质是冷却液,主要零部件有节温器、水泵、水泵皮带、散热器、散热风扇、冷却液温度传感器、蓄液罐等。

1. 冷却液

冷却液又称防冻液,是由防冻添加剂及防止金属产生锈蚀的添加剂和水组成的液体。它需要具有防冻性、防蚀性、热传导性和不变质等性能。冷却液经常以乙二醇为主要成分,并掺入一定有防腐蚀添加及水。冷却液的包装如图 3-8-2 所示。

图 3-8-2　冷却液的包装

2. 节温器

节温器控制汽车冷却系统的大、小循环,其组成如图 3-8-3 所示。

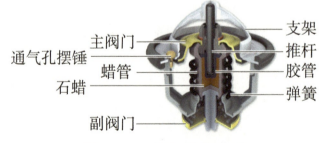

图 3-8-3　节温器的组成

3. 水泵

水泵的作用是对冷却液加压,保证其在冷却系中循环流动,如图 3-8-4 所示。在出现发动机过热现象时,最先应该注意的是水泵皮带,要检查皮带是否断裂或松动。

4. 散热器

发动机工作时,冷却液在散热器芯内流动,空气从散热器芯外通过,热的冷却液由于向空气散热而变冷,如图 3-8-5 所示。

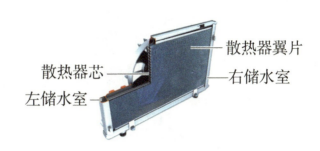

图 3-8-4　水泵结构　　　　　图 3-8-5　散热器结构

5. 散热风扇

在正常行驶中,高速气流已足以散热,风扇一般不会在这时工作;但在慢速和原地运行时,风扇就可能转动来帮助散热器散热。风扇的起动由水温感应器控制。常见的散热风扇类型如图 3-8-6 所示。

　　a)机械传动式　　　b)硅油传动式　　　c)电动式

图 3-8-6　不同类型的散热风扇

6. 冷却液温度传感器

冷却液温度传感器(图 3-8-7)其实是一个温度开关,当发动机进水温度超过 90℃时,冷却液温度传感器将接通风扇电路。

7. 蓄液罐

蓄液罐的作用是补充冷却液和缓冲"热胀冷缩"的变化,所以不要加液过满。

活动展示

教师组织引导,学生自己主持,以小组为单位在课堂上进行比拼,最终选择最佳小组。

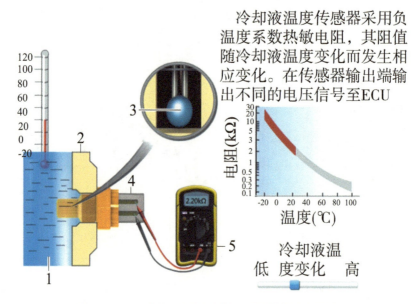

冷却液温度传感器采用负温度系数热敏电阻，其阻值随冷却液温度变化而发生相应变化。在传感器输出端输出不同的电压信号至ECU

图 3-8-7　冷却液温度传感器结构及原理
1-冷却液；2-水套；3-热敏元件；4-冷却液温度传感器；5-万用表

活动评价

本活动的活动评价表见表3-8-2。

活动评价表　　　　　　　　　表3-8-2

评分项 （占比）	是否达到目标 （30%）	活动表现 （40%）	职业素养 （30%）
评价标准 （占比）	(1)完全达到； (2)基本达到； (3)未能达到	(1)积极参与； (2)主动性一般； (3)未积极参与	(1)大幅提高； (2)略有提高； (3)没有提高
自我评价(20%)			
组内评价(20%)			
组间评价(30%)			
教师评价(30%)			
总分(100%)			
自我总结			

任务九 传动系统

任务目标

1. 能熟悉叙述汽车传动系统的功用、组成。
2. 能够对照汽车介绍汽车传动系统各部分的位置及结构。
3. 能够制作简单汽车传动系统结构的视频。

任务内容

活动:我当培训师

活动:我当培训师

汽车传动系统是汽车底盘的重要组成部分,传动系统的性能影响整车的使用。它保证汽车具有在各种行驶条件下所必需的牵引力、车速,以及它们之间的协调变化等功能,使汽车有良好的动力性和燃油经济性。此外,还应保证汽车能倒车,以及左、右驱动车轮能适应差速要求,并使动力传递能根据需要而平稳地接合或彻底、迅速地分离。

活动场景

某汽车制造企业领导想对一批新进总装人员进行短期培训,了解汽车传动系的基础知识。汽车检测与维修专业主要是培养我们职业能力、技术应用能力的实践,主要模拟企业生产实践环境,培养可以胜任企业需要的职业操作技能,对完成学习任务、实现学习目标起着重要的作用。汽车传动系统是汽车底盘的主要组成部分,企业要求这批员工掌握这方面的简单知识。如果这个任务交给你,你如何圆满地完成任务?

活动目标

(1)能用普通话流利地介绍教学设备。

(2)能熟练说出传动系统功用,指出各部分的位置、名称,说出结构组成及工作等基础知识。

(3)普通话流利,仪表大方、得体。

(4)能将介绍过程以剧本(视频、照片)的形式展现出来。

活动计划

1. 分工

1名培训师:_____   1名监督员:_____

1名摄像人员:_____   1名拍照人员:_____

1名导演:_____   3名学员:_____

1名后期制作人员:_____

2. 设备准备

手机、照相机、摄像机。

3. 剧本准备

任课老师将全班同学随机分成不同的小组,每个小组6名同学,根据各自特点和意愿,分工如下:

(1)1名同学任导演,负责调度小组成员工作任务的落实进度,督促提高工作质量,对小组同学进行考核。

(2)1名同学任培训师,负责将本小组同学检索提取的汽车基本知识整理成文,并将其介绍给全班同学,登台"表演"。

(3)1名同学任监督员,负责向培训师提出各种与本次课相关的问题。

(4)3名同学任学员,负责检索、归纳总结、提取,整理出知识点。

活动资源

一、汽车传动系统概述

1. 概念

汽车传动系统是指汽车发动机到驱动车轮之间所有动力传递装置的总称。

2. 功用

汽车传动系统的作用是将发动机发出的动力传给驱动轮,并能改变动力的特性(转矩、转速和转向)产生牵引力,以满足汽车行驶工况的需要,推动汽车向前行驶。

3．组成

汽车传动系统由离合器、变速器、万向传动装置、驱动桥等组成(图3-9-1)。

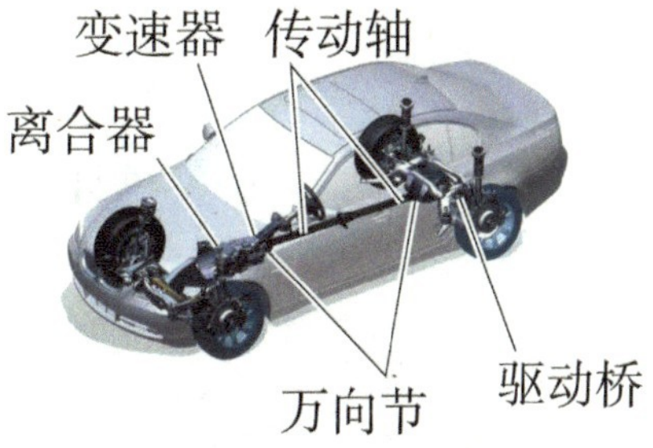

图3-9-1　汽车传动系统的组成

二、汽车传动系统的构造

1．离合器

离合器是汽车传动系统的主要部件,汽车在起步、换挡过程中需要离合器暂时切断发动机动力,换挡后再传递发动机的动力。

图3-9-2　离合器安装位置

1)位置

离合器安装在发动机与变速器之间(图3-9-2)。

2)功用

(1)保证汽车的平稳起步。

(2)暂时切断发动机与传动系的动力连接,便于发动机的起动、变速和换挡,保证换挡时工作平顺。

(3)限制所传递转矩,防止汽车传动系统过载。

3)离合器的分类

离合器按工作原理不同,可分为摩擦式离合器、电磁离合器和液力耦合器;按操作方式不同,可分为机械式离合器、液压式离合器、气压式离合器。

4)摩擦式离合器的组成

摩擦式离合器的组成如图3-9-3所示。

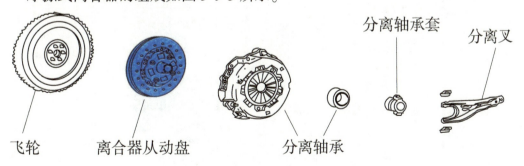

图3-9-3　摩擦式离合器的组成

5)离合器操纵机构

(1)机械式操纵机构包括杆系传动(图3-9-4)和绳索传动两种形式(图3-9-5)。

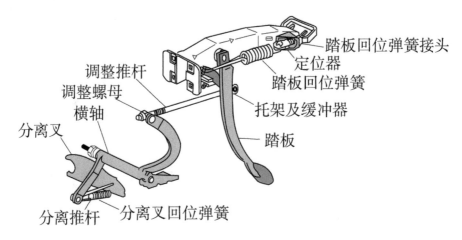

图 3-9-4　杆系传动

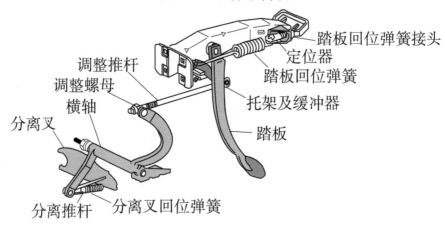

图 3-9-5　绳索传动

(2)液压式操纵机构(图 3-9-6)。

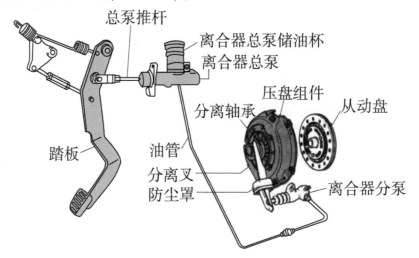

图 3-9-6　液压式操纵机构

2. 变速器

1）位置

变速器在汽车上位于离合器之后。

2）功用

（1）根据汽车不同行驶条件，改变发动机输出转速和转矩以改变汽车的牵引力和车速。

（2）在发动机工作时暂时切断发动机与驱动车轮的动力传递（空挡）。

（3）在需要倒车时，改变传动系的传动方向（倒挡）。

3）变速器的分类

目前变速器主要有自动和手动变速器两种类型。

4）手动变速器的组成及功用

手动变速器的组成及功用如图 3-9-7 所示。

图 3-9-7　手动变速器的组成及功用

3. 万向传动装置

1）位置

万向传动装置的安装位置如图 3-9-8 所示。

2）功用

万向传动装置的作用是在汽车上任何一对轴间夹角和相对位置经常发生变化的转轴之间传递动力。

3）组成

万向传动装置一般由传动轴和万向节组成，如图 3-9-9 所示。

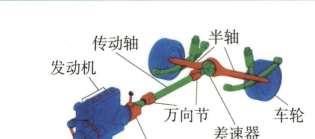

图 3-9-8　万向传动装置的结构　　　　图 3-9-9　万向传动装置的组成

4. 驱动桥

1) 安装位置

驱动桥安装在两驱动轮之间。

2) 功用

驱动桥的功用是将发动机转矩通过主减速器、差速器、半轴等传递到驱动车轮,实现降速,增大转矩,改变方向;通过差速器实现两侧车轮差速作用,保证内、外侧车轮以不同转速转向。

3) 组成

驱动桥主要由主减速器、差速器、半轴、驱动桥壳等组成,如图 3-9-10 所示。

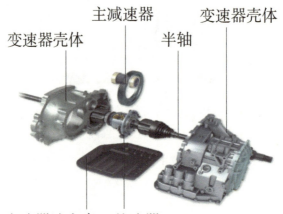

图 3-9-10　驱动桥的组成

活动展示

在教师的带领下,选出评委,学生以小组为单位,以剧本的形式展示学习成果,最后评出名次。或者学生以小组为单位在自媒体上展示,获取点赞量。

活动评价

本活动的活动评价表见表 3-9-1。

活 动 评 价 表 　　　　　表 3-9-1

评分项 （占比）	是否达到目标 （30%）	活动表现 （40%）	职业素养 （30%）
评价标准 （占比）	（1）完全达到； （2）基本达到； （3）未能达到	（1）积极参与； （2）主动性一般； （3）未积极参与	（1）大幅提高； （2）略有提高； （3）没有提高
自我评价（20%）			
组内评价（20%）			
组间评价（30%）			
教师评价（30%）			
总分（100%）			
自我总结			

任务十　转 向 系 统

(1) 能熟练叙述汽车转向系统的功用和组成。
(2) 能够对照汽车介绍汽车转向系统各部分的位置及结构。
(3) 能够制作简单转向系统结构的视频。

任务内容

活动：我做培训师

活动:我做培训师

汽车转向系统是汽车底盘的重要组成,转向系统不仅可以改变汽车的行驶方向,使其按照驾驶人规定的方向行驶,而且还可以克服由于路面侧向干扰力使车轮自行产生的转向,恢复汽车原来的行驶方向。转向系统是汽车行驶安全的重要保证。

活动场景

某4S店想对一批新进销售人员进行培训,这批人员专业知识参差不齐,想了解汽车转向的基础知识。你需要让其对汽车转向系统有简单的了解,和客户交流时能够简单介绍这方面的知识,并且对我们的实训场地能有深刻印象。你将如何圆满地完成任务?

活动目标

(1)能用普通话流利地介绍教学设备。
(2)能熟练讲出转向系统的功用,指出其在汽车上的位置,以及各部分结构组成和工作情况。
(3)普通话使用流利,仪表大方、得体。
(4)能将介绍过程以剧本的形式(视频、照片)展现。

活动计划

1. 分工

1名培训师:_____	1名顾客:_____
1名摄像人员:_____	1名拍照人员:_____
1名导演:_____	3名学员:_____
1名后期制作人员:_____	

2. 设备准备

手机、照相机、摄像机。

3. 剧本准备

任课老师将全班同学随机分成不同的小组,每个小组6名同学,根据各自特点和意愿,分工如下:

(1)1名同学任导演,负责监督小组成员工作任务的落实进度,督促提高工作质量,对小组同学进行考核。

(2)1名同学任培训师,负责将本小组同学检索提取的汽车基本知识整理成文,并将其介绍给全班同学,登台"表演"。

(3)1名同学任顾客,负责向培训师提出各种与本次课相关的问题。

(4)3名同学任学员,负责检索、归纳总结、提取,整理出知识点。

活动资源

一、汽车转向系统概述

1. 位置

汽车转向系统位于转向盘到转向轮之间。

2. 功用

(1)使汽车在行驶中能按驾驶员的操纵要求改变其行驶方向。

(2)在车轮受到路面传来的偶然冲击,意外地偏离行驶方向时,能与行驶系统配合共同保持汽车稳定的直线行驶。

3. 分类

按转向能源不同,转向系统可分为机械转向系统(图3-10-1)和动力转向系统两类。

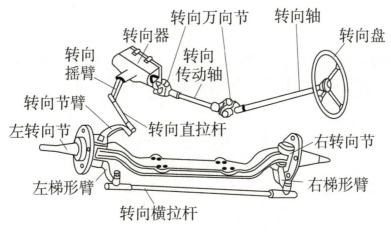

图3-10-1 机械转向系统

其中,动力转向系统是在机械转向系统的基础上增加一套转向加力机构组成的转向系统。

4. 组成

转向系统由转向操纵机构、转向器和转向传动机构三部分组成。

二、机械式转向系统的结构

1. 转向操纵机构

1）作用

转向操纵机构（图 3-10-2）的作用是将驾驶人转动转向盘的操纵力传给转向器。

2）组成

转向操纵机构由转向盘、转向柱、转向柱套管和转向万向节及转向附件组成。现代汽车为了适应不同形体驾驶人的操纵及保护驾驶人的安全，还带有各种安全装置。图 3-10-3 所示为转向柱的调节装置。

图 3-10-2　转向操纵机构　　　图 3-10-3　转向柱的调节装置

2. 转向器

1）功用

转向器的功用是将驾驶人加在转向盘上的力矩放大，并降低转向盘的转速，改变转向力矩的方向，然后将其传给转向传动机构。

2）类型

汽车上采用的转向器有多种结构形式，包括循环球式、齿轮齿条式、蜗杆指销式、蜗杆滚轮式 4 种。目前蜗杆滚轮式已被淘汰。

3. 转向传动机构

1）功用

转向传动机构的功用是将转向器输出的力和运动传到转向桥两侧的转向节，使两侧转向轮偏转，且使两转向轮偏转角按一定关系变化，以保证汽车转向时车轮与地面的相对滑动尽可能小。

2)类型

(1)非独立悬架配用的转向传动机构如图 3-10-4 所示。

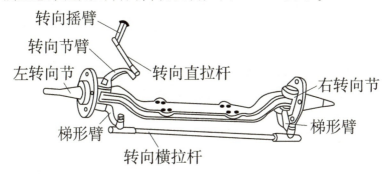

图 3-10-4　非独立悬架配用的转向传动机构的结构及组成

(2)与独立悬架配用的转向传动机构如图 3-10-5 所示。

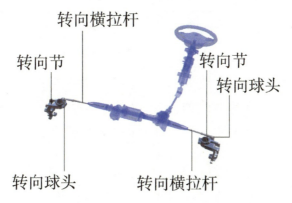

图 3-10-5　与独立悬架配用的转向传动机构的结构及组成

三、动力转向系统的构造

动力转向系统的结构及组成如图 3-10-6 所示。

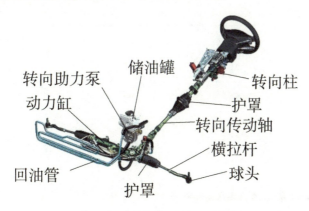

图 3-10-6　动力转向系统的结构及组成

其中,转向助力机构由转向油泵、转向油管、转向控制阀、动力缸、储油罐等组成。

活动展示

教师审核剧本(视频),在教师带领下,选出评委,学生以小组为单位,以剧本的形式展示学习成果,最后评出名次。也可由学生以小组为单位在自媒体上展示,获取点赞量。

活动评价

本活动的活动评价表见表3-10-1。

活动评价表　　　　　　　　　　　　　表3-10-1

评分项 (占比)	是否达到目标 (30%)	活动表现 (40%)	职业素养 (30%)
评价标准 (占比)	(1)完全达到; (2)基本达到; (3)未能达到	(1)积极参与; (2)主动性一般; (3)未积极参与	(1)大幅提高; (2)略有提高; (3)没有提高
自我评价(20%)			
组间评价(30%)			
教师评价(30%)			
总分(100%)			
自我总结			

任务十一　制动系统

任务目标

(1)能叙述制动系统的组成和分类。
(2)能简述制动系统的工作过程。

项目三 汽车检测与维修专业技术概述

活动:制动系统拼图

活动:制动系统拼图

车轮的滚动阻力、上坡阻力和空气阻力等与汽车行驶方向相反的外力都能对汽车产生制动力,但这些外力的大小都是随机的、不可控制的。对汽车进行的可控制制动外力称为汽车制动力,产生制动力的装置称为制动系统。汽车制动系统为汽车不可或缺的一部分,若制动系统失灵会造成不可估量的危险。

活动场景

学校为方便学生学习本次课程内容,为大家提供了制动系统各零部件。通过本次学习,将其拼装完整。

活动目标

(1)学生能独立将制动系统拼图按照正确位置摆放。
(2)学生叙述所摆放的汽车制动系统所属种类,并简述其工作过程。

活动计划

1. 分工

2. 设备准备

3. 剧本准备

活动资源

一、制动系统的作用

（1）按照需要，使行驶中的汽车减速或停车，如图 3-11-1 所示。

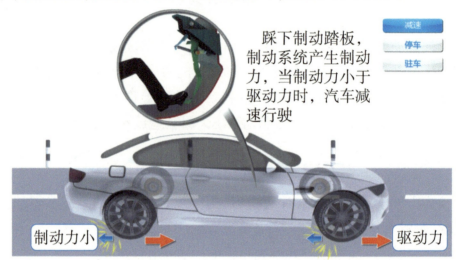

图 3-11-1　使汽车减速或停车

（2）下坡行驶时限制车速，如图 3-11-2 所示。

图 3-11-2　限制下坡行驶汽车的车速

（3）使汽车可靠地停放在原地保持不动，如图 3-11-3 所示。

二、制动系统的分类

汽车制动系统一般按功用不同分为以下两类：行车制动系统和驻车制动系统。

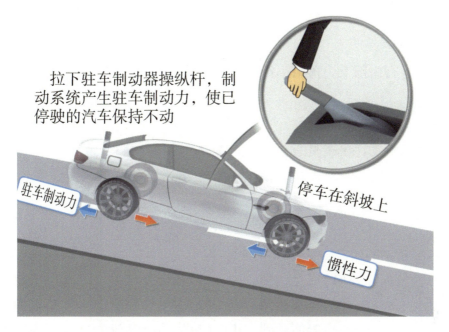

图 3-11-3　使汽车停放在原地保持不动

三、制动系统的组成

（1）供能装置。供能装置包括供给、调节制动所需能量以及改善能量传能介质的各种部件。其中，产生制动能量的部分称为制动能源。人的肌肉亦可作为制动能源。

（2）控制装置。控制装置包括产生制动动作和控制制动效果的各种部件。制动踏板机构即是最简单的一种控制装置。

（3）传动装置。传动装置包括将制动动作和控制制动效果的各种部件，如制动总泵、真空助力器等。

（4）制动器。制动器是产生阻碍车辆的运动或运动趋势的力（制动力）的部件，也包括辅助制动系统中的缓冲装置。

较为完善的制动系统还具有制动力调节装置以及报警装置、压力保护装置等附加装置。

四、制动器

制动器是制动系统中重要部分，分为盘式制动器和鼓式制动器。前者摩擦副中的旋转元件为制动鼓，其工作表面为圆柱面；后者的旋转元件为圆盘状的制动盘，以端面为工作表面。

> **活动展示**

各小组进行内部 PK,再由小组商议推荐代表进行小组 PK。

> **活动评价**

本活动的活动评价表见表 3-11-1。

活动评价表 表 3-11-1

评分项 （占比）	是否达到目标 （30%）	活动表现 （40%）	职业素养 （30%）
评价标准 （占比）	(1)完全达到； (2)基本达到； (3)未能达到	(1)积极参与； (2)主动性一般； (3)未积极参与	(1)大幅提高； (2)略有提高； (3)没有提高
自我评价(20%)			
组内评价(20%)			
组间评价(30%)			
教师评价(30%)			
总分(100%)			
自我总结			

任务十二 行 驶 系 统

> **任务目标**

(1)能叙述行驶系统的组成。
(2)能简述行驶系统各组成部分的作用。
(3)简述轮胎各规格的代表含义。

活动:行驶系统拼图游戏

活动:行驶系统拼图游戏

活动:行驶系统拼图游戏

汽车行驶系统是指由车身、车桥、车轮和悬架组成的整体,车轮分别支承在各车桥(前桥、后桥)上,从而减少汽车在不平路面上行驶时受到的振动,车桥又通过弹性悬架与车身连接,整个汽车连接成一个整体。行驶系统就像人的腿和脚一样,腿和脚异常时,人就不能正常行走;同理,汽车行驶系统异常时,汽车也不能正常行驶。汽车行驶系统主要有产生驱动力、减缓车身振动、保证车身稳定等作用。本次课以拼图游戏学习行驶系统的组成、作用等内容。

活动场景

学校为方便学生学习本次课内容,为大家提供了制动系统各零部件。通过本次学习,将其拼装完整。

活动目标

(1)根据所学内容,将行驶系统各部分拼装成整体。
(2)向同学们解释所给轮胎规格的含义。
(3)简述行驶系统各组成部分的作用。

活动计划

1. 分工

_____
_____

2. 设备准备

_____
_____
_____
_____

3.剧本准备

_____

_____

_____

_____

活动资源

一、车轮

车轮是汽车的重要部件之一，它直接与路面接触，和汽车悬架共同来缓和汽车行驶时所受到的冲击，保证汽车有良好的乘坐舒适性和行驶平顺性。轮胎的结构如图 3-12-1 所示。

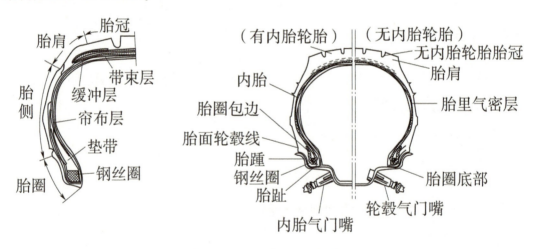

图 3-12-1　轮胎的结构

汽车轮胎上的花纹有很多种，如图 3-12-2 所示。

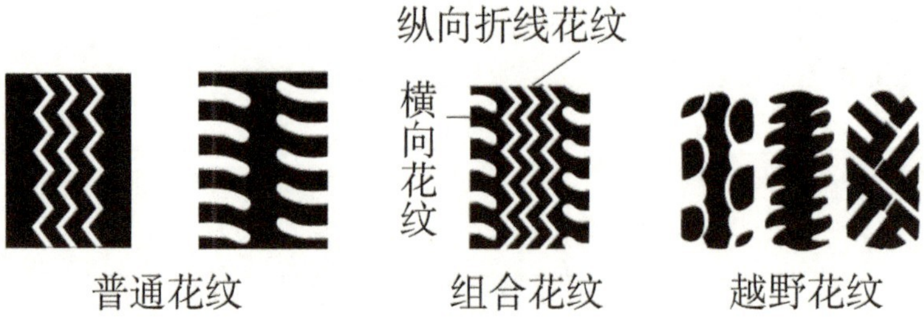

图 3-12-2　车轮花纹

花纹影响着汽车的驾驶性能，因此，不同车型会选择使用不同的轮胎花纹。

二、悬架

汽车悬架是车身与车桥之间各种动力连接装置的总称。悬架连接车身和车轮,把路面作用到车轮的各种力传给车身,并且缓和由于不平路面传给车身的冲击力,减少由此引起的振动,以保证车辆行驶时具有良好的平顺性和操纵稳定性。

1. 悬架的组成

悬架由减振弹簧、悬架横梁以及减振器等组成,个别结构还有缓冲块、横向稳定杆等,如图 3-12-3 所示。

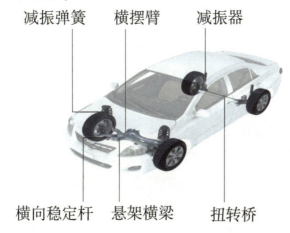

图 3-12-3　汽车悬架的组成

2. 悬架的分类

汽车悬架可以分为非独立悬架和独立悬架两大类。

非独立悬架(图 3-12-4)的两侧车轮由一根整体式车桥相连,当一侧车轮发生跳动时,另一侧车轮在汽车横向平面内发生摆动。

独立悬架(图 3-12-5)的车桥做成独立式,每一侧的车轮是单独通过悬架与车架(或车身)连接,两侧车轮单独跳动,互不影响。

图 3-12-4　非独立悬架　　图 3-12-5　独立悬架

三、车桥

1. 安装位置与作用

车桥位于悬架与车轮之间,其两端安装车轮,通过悬架与车架(或车身)相连,其功用是传递车架(或车身)与车轮之间各种荷载。

2. 车桥的分类

按悬架结构不同,车桥分为整体式车桥和断开式车桥两种。整体式车桥与非独立悬架配用,断开式车桥与独立悬架配用。按车桥上车轮的作用不同,车桥分为转向桥、驱动桥、转向驱动桥和支持桥4种类型。其中,转向桥和支持桥都属于从动桥。

四、车架

车架俗称"大梁",是跨接在前后车轮上的桥梁式结构,是构成整个汽车的骨架,是整个汽车的装配基体。汽车绝大多数的零部件、总成(如发动机、变速器、传动机构、操纵机构、车桥、车身等)都要安装在车架上。

汽车上采用的车架有4种类型:边梁式车架、中梁式车架、综合式车架和无梁式车架。目前汽车上多采用边梁式车架和无梁式车架。

活动展示

各小组进行内部PK,再由小组商议推荐代表进行小组之间PK。

活动评价

本活动的活动评价表见表3-12-1。

活动评价表　　　　表3-12-1

评分项 (占比)	是否达到目标 (30%)	活动表现 (40%)	职业素养 (30%)
评价标准 (占比)	(1)完全达到; (2)基本达到; (3)未能达到	(1)积极参与; (2)主动性一般; (3)未积极参与	(1)大幅提高; (2)略有提高; (3)没有提高

续上表

评分项 （占比）	是否达到目标 （30%）	活动表现 （40%）	职业素养 （30%）
自我评价(20%)			
组内评价(20%)			
组间评价(30%)			
教师评价(30%)			
总分(100%)			
自我总结			

任务十三　汽车车身及附件

任务目标

（1）了解汽车车身各部分的结构组成。
（2）熟悉不同类型车身的结构特点。

任务内容

活动：汽车车身部件我来贴

活动：汽车车身部件我来贴

活动场景

将汽车车身部件名称贴到相应位置。

活动目标

能正确找到汽车车身部件位置、名称。

活动计划

1. 分组

组长：_____　　记录员：_____

资料员：_____　　安全员：_____

2. 组内讨论汽车车身名称并将便利贴贴到正确位置

_____

_____

活动资源

一、汽车车身

汽车车身就是汽车的内、外覆盖件及其支承连接结构，是运送乘客、货物和驾驶人工作的场所。轿车车身主要包括车身壳体、车门、车窗、车前板制件、车身内外装饰件和座椅等，载货汽车和专用汽车还包括货厢和其他专用设备。厢式轿车车身结构如图3-13-1所示。

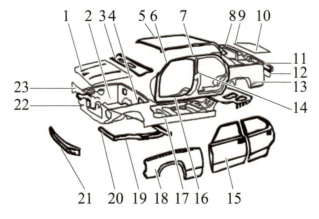

图3-13-1　厢式轿车车身结构图主要零部件

1-发动机罩；2-前挡泥板；3-前围上盖板；4-前围板；5-车顶盖；6-前柱(A柱)；7-上边梁；8-顶盖侧板；9-后围上盖板；10-行李舱盖；11-后柱(C柱)；12-后围板；13-后翼子板；14-中柱(B柱)；15-车门；16-下边梁；17-底板；18-前翼子板；19-前纵梁；20-前横梁；21-前裙板；22-散热器框架；23-发动机罩前支撑板

1. 汽车车身车型

从19世纪末到20世纪初期，汽车设计师把主要精力都用在了汽车机械工程学的发展和革新上。到了 20 世纪前半期,汽车的基本构造已经全部发明出来后,汽车设计者们开始着手从汽车外部造型上进行改进,力求让汽车能够从外形上满足各种年龄、各种阶层的不同需求,使汽车成为科学与艺术相结合的最佳表现形象。

汽车车身形式在发展过程中主要经历了马车形汽车、箱形汽车、甲壳虫形汽车、船形汽车、鱼形汽车、楔形汽车等,其中甲壳虫形轿车可以说是一个划时代的产品。

2. 汽车车身主要构成部件

汽车车身主要构成部件包括发动机罩、车顶盖、行李舱盖、翼子板、前围板。

3. 汽车车身——轿车身上的三大立柱

车身的骨架件和板件多用钢板冲压而成,车身专用钢板具有深拉延时不易产生裂纹的特点。根据车身不同的位置,一些要防止生锈的部位使用锌钢板,例如翼子板、车顶盖等;一些承受应力较大的部位使用高强度钢板,例如散热器支撑横梁、上边梁等。轿车车身结构中常用钢板的厚度为 0.6~3mm,大多数零件用材厚度是 0.8~1mm,如图 3-13-2 所示。

图 3-13-2　车身不同位置使用的材料特点

在轿车车身构造中,有些重要零件的位置涉及车辆的整体布置、安全及驾乘舒适性问题,例如立柱。

一般轿车车身有 3 个立柱,从前往后依次为前柱(A 柱)、中柱(B 柱)、后柱

（C 柱），如图 3-13-3 所示。立柱的刚度很大程度上决定了车身的整体刚度。

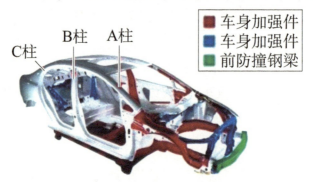

图 3-13-3　车身立柱

4. 轿车车身

轿车车身无明显的骨架，而是由外部覆盖件和内部钣金件焊接成的一个空间结构。轿车的空间根据车的总长、轴距等参数确定，如图 3-13-4 所示。

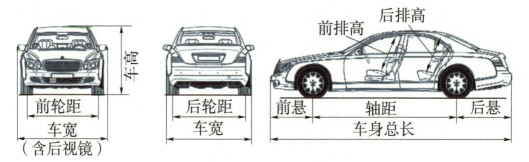

图 3-13-4　轿车车身参数

1）按外形结构分类

轿车车身按外形结构不同，可分为两厢车和三厢车。通常我们把轿车的发动机舱、驾驶室和行李舱分别称为轿车的"厢"，如果这三个厢是相互独立的，称为三厢车。如果驾驶室和行李舱是结合在一起的，则称为两厢车，如图 3-13-5 所示。

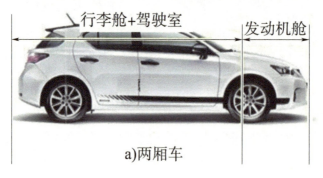

图　3-13-5

b)三厢车

图 3-13-5　两厢车和三厢车

2）按承载方式分类

按承载方式不同，轿车车身可分为承载式车身和非承载式车身。

5. 客车车身

客车车身由车厢壳体、顶盖、左右侧围、前后围、内饰、地板、门窗、座椅及室内外附件等组成。根据功能和用途不同，客车的车身结构也有所不同，如图 3-13-6 所示。

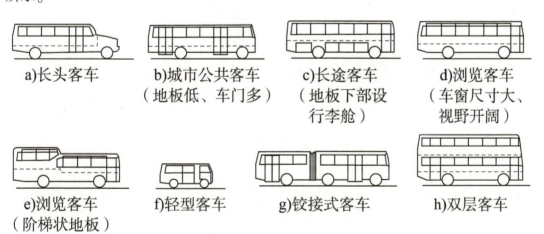

a)长头客车　　b)城市公共客车　　c)长途客车　　d)浏览客车
　　　　　　　（地板低、车门多）（地板下部设　（车窗尺寸大、
　　　　　　　　　　　　　　　　　行李舱）　　　视野开阔）

e)浏览客车　　f)轻型客车　　g)铰接式客车　　h)双层客车
（阶梯状地板）

图 3-13-6　客车车身

客车车身也有半承载式和承载式两种，由于客车的外形规则，所以客车往往具有完整的骨架。如图 3-13-7 所示是将半承载式车架横梁加宽并与车身侧壁骨架刚性连接的半承载式车身。

如图 3-13-8 所示为整体式承载客车车身。车身壳体构件都参与承重，各构件承载时相互牵连与协调，使材料的最大潜力得以发挥，降低了整车高度，减轻了车身质量。

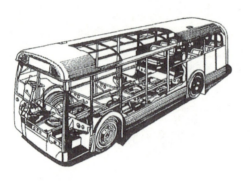 

图 3-13-7　半承载式客车车身　　　图 3-13-8　整体式承载客车车身

6. 货车车身

货车车身主要由驾驶室和货箱组成。

1) 驾驶室

货车驾驶室没有明显的骨架,由外部覆盖件与内部钣制件焊接而成。绝大多数的货车驾驶室都是非承载式结构。典型的货车驾驶室壳体结构如图 3-13-9 所示。

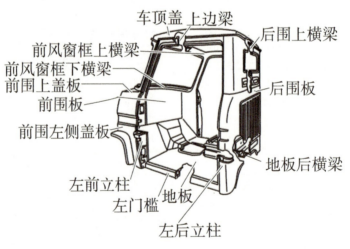

图 3-13-9　货车驾驶室壳体

2) 车厢

根据装载货物的不同,货车车厢可分为栏板式车厢和专用车厢。

二、车身附件

车身附件是安装于车身本体,提供辅助功能装置的总和,包括车门、车窗等。车身附件的性能与质量对乘客的安全性和舒适性、车体造型的美观及整车的使用寿命等均有直接的影响。

1. 车门

车门为驾驶员和乘客提供出入车辆的通道,它用门铰链安装在车身上,在一定程度上能减轻侧面撞击,保护乘员安全。

1)车门分类

车门按开启方式的不同,可分为顺开式、逆开式、水平移动式、折叠式和上掀式等几种。

2)车门附件

车门附件包括车门铰链、车门开度限位器、门锁和密封装置等,在车门内、外板之间还装有玻璃、玻璃导槽、导轨和玻璃升降器。

2. 车窗

车窗是为了满足车内采光、通风及驾乘人员视野的需要而设计的。车窗结构通常为曲面封闭式,在车身的车窗框与车窗玻璃之间,用橡胶密封条连接。密封条起密封和缓冲作用,以防止因车身受力使窗框变形时损坏风窗玻璃。

车窗通常分为前(后)风窗、通风窗、隔热侧窗、遮阳顶窗 4 种。

活动展示

学生以小组为单位做介绍展示。

活动评价

本活动的活动评价表见表 3-13-1。

活动评价表　　　　　　表 3-13-1

评分项 (占比)	是否达到目标 (30%)	活动表现 (40%)	职业素养 (30%)
评价标准 (占比)	(1)完全达到; (2)基本达到; (3)未能达到	(1)积极参与; (2)主动性一般; (3)未积极参与	(1)大幅提高; (2)略有提高; (3)没有提高
自我评价(20%)			
组内评价(20%)			

续上表

评分项 （占比）	是否达到目标 （30%）	活动表现 （40%）	职业素养 （30%）
组间评价(30%)			
教师评价(30%)			
总分(100%)			
自我总结			

任务十四　认识汽车电气设备

任务目标

(1)能熟悉汽车电气设备组成、安装位置、作用及其简单的结构原理。
(2)掌握汽车电器的特点。

任务内容

活动："今天我是讲解员"——带你认识汽车电器

活动："今天我是讲解员"——带你认识汽车电器

汽车电器相对于汽车构造，其知识具有系统性、理论性较强的特点，因此可以从汽车构造课程中独立出来成为一门专业课程来进行系统学习。

活动场景

招生办公室工作人员带领着学生和家长来到汽车电气一体化教室参观，由你负责介绍。要求使学生和家长对汽车电气的重要性有清晰的认识，最终将介绍的过程以视频的形式记录下来。

活动目标

（1）能清楚地介绍汽车电气这门专业。

（2）能用标准普通话流利地向给学生和家长介绍汽车电器基本知识。

（3）能注意自己在客串讲解员过程中的仪容仪表、语言表达、肢体语言运用等，考虑学生和家长的感受和效果。

（4）能将介绍过程（视频、照片）合成为5min左右的视频。

活动计划

1. 分组

任课老师将全班同学随机分成不同的小组，每个小组6名同学，根据各自特点和意愿，分工如下：

1名学生担任介绍人员，1名学生担任拍照和摄像人员，1名学生负责整理讲解语言整理，2名学生担任观众并负责提出问题，1名学生负责最后的视频制作。

2. 设备准备

手机、摄像机等电子产品。

活动资源

汽车电气设备课程是一门非常重要的专业课，它以汽车构造、电子学、电工学为基础，讲述汽车电源和汽车电器的结构、工作原理、工作特性、使用方法、维护方法等内容。

汽车电气设备是汽车的重要组成部分，它担负着起动、点火、照明、信号、性能检测、自动控制等工作。

随着汽车技术的进步，汽车电气设备的性能不断提高和完善，在解决汽车节能降耗、灵活机动、舒适安全、自动可靠、减少排放污染等方面发挥了重要作用。汽车电气设备的发展促进了汽车的进步和发展，在很大程度上决定了汽车的性能，也标志着汽车的先进程度。

汽车电气设备数量多，结构复杂，但总起来可分三大部分：汽车电源、汽车电器和控制配电装置。汽车电源用来供电，汽车电器利用汽车电源提供的电能实现各自的功能，比如起动、照明、点火等，控制配电装置用来保证供电安全和用电安全。

根据完成工作任务的类别不同，可将汽车电器分为以下几个系统，下面分别介绍。

一、电源系统

电源系统的作用是向全车电器供电。

电源系统由蓄电池、发电机、电压调节器及充电状态指示装置组成。

(1)蓄电池:是储存电能的化学电源,即可充电又可放电。

(2)发电机:是汽车上另一个电源,由发动机带动发电。发电机与蓄电池并联工作,是汽车运行中的主电源。

(3)电压调节器:在发动机转速发生变化时,使发电机的输出电压稳定,此外还控制充电指示灯、过电压保护等。

(4)充电状态指示装置:用来指示充电系的工作情况,即显示蓄电池处于充电状态还是放电状态。汽车上普遍采用的是充电指示灯,充电指示灯亮表示蓄电池放电,充电指示灯灭表示蓄电池充电,发电机正常发电。

蓄电池和发电机在汽车上配合工作的情况如下:

(1)起动发动机时,由蓄电池向起动机提供强大的电流,并同时向点火系统、电子控制系统、仪表灯其他用电设备供电。

(2)当发动机静止、发电机不发电时,由蓄电池负责向所有用电设备供电。

(3)当同时工作的用电设备过多导致发电机超载时,由发电机和蓄电池一起供电。

(4)当发动机正常运转,发电机电压高于蓄电池的端电压时,由发电机向全部用电设备供电并向蓄电池充电,将多余的电能转化为化学能储存起来。

(5)蓄电池在电路中相当于一个大型电容器,能够吸收电路中出现的瞬间高电压,保护电路中的电子设备。

二、起动系统

发动机的起动,是指发动机在外力作用下由被动旋转过渡到自行运转的全过程。

发动机的起动方式有人力起动、电力起动、小型汽油机起动等几种形式。起动机起动属于电力起动,它具有操作方式简单、起动迅速可靠、可重复起动、劳动强度低等优点,在现在汽车上被广泛应用。

起动系统的作用是产生起动转矩,其组成如图 3-14-1 所示,各部件名称、作用及安装位置见表 3-14-1。

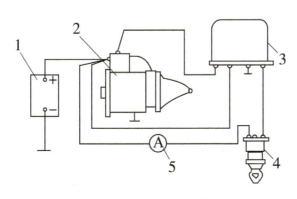

图 3-14-1　起动系统的组成
1-蓄电池;2-起动机;3-起动继电器;4-点火开关;5-电流表

起动系部件的作用及安装位置　　　　　表 3-14-1

序号	名称	作　　用	安 装 位 置
1	蓄电池	起动时向起动机提供强大电流	发动机舱
2	起动机	产生起动转矩	发电机一侧
3	起动继电器	保护点火开关,防止烧蚀	车架
4	点火开关	控制电路	转向盘附近
5	电流表	显示电流值	仪表板

起动系有三种形式:

(1)点火开关直接控制的起动系。由点火开关直接控制起动机的工作,这种类型的起动系由于起动机的电流流经点火开关,容易使点火开关烧蚀,因此多用于装有小功率起动机的微型车、轿车。

(2)设起动继电器的起动系。起动继电器的作用是保护点火开关,防止点火开关烧蚀。

(3)设保护继电器的起动系。发电机的中性点控制保护继电器,其作用是在发动机起动后,使起动机自动停止工作,以及防止驾驶人错误地使用起动机。

三、点火系统

汽车发动机在起动以及整个工作过程中,必须将各汽缸中被压缩的可燃混合气点燃,将热能转换为机械能,产生动力,用来起动发动机和驱动汽车行驶。这种将发动机汽缸内可燃混合气点燃的工作,称为点火。

发动机点火有压缩点火和电火花点火两种方式。柴油机采用压缩点火,汽油机采用电火花点火。

通常将一整套能够在各汽缸火花塞的电极间适时产生电火花的电气设备和机件总称为点火装置,俗称点火系。

点火系的作用可以概括为以下几点:

(1)将汽车电源提供的低压电(12V)变为足以击穿火花塞电极间隙的高压电。

(2)按照发动机的做功顺序和点火时间的要求,适时、准确地将高压电分配给各汽缸火花塞。

(3)击穿火花塞电极间隙产生电火花,点燃可燃混合气。

点火系按发展进程分,可分为传统点火系、普通电子点火系和微机控制的电子点火系。

(1)传统点火系:目前已被淘汰。

(2)普通电子点火系:是由信号发生器产生点火信号输送给点火控制器,使内部的晶体管导通和截止,从而接通和切断点火线圈初级电路,将低压电变为高压电的点火系。普通电子点火系根据信号发生器的形式不同,可分为磁感应式点火系、霍尔效应式点火系、光电式点火系。

(3)微机控制的电子点火系:是由电子控制单元(ECU)根据传感器输送来的发动机工况信息向点火控制器发出点火指令,使点火控制器内晶体管导通和截止,从而接通和切断点火线圈初级电路,将低压电变为高压电的点火系。微机控制的电子点火系又分为微机控制的有分电器式电子点火系和微机控制的无分电器式电子点火系。

四、照明与信号装置

为保证汽车夜间行驶的安全,汽车上装有照明和信号装置,俗称灯具。除了灯光信号装置外,汽车上还装有声音信号装置,如电喇叭、倒车蜂鸣器等。

常见的照明装置有前照灯、雾灯、牌照灯、倒车灯、顶灯、仪表灯、工作灯、行李舱灯、阅读灯、门灯、踏步灯等。

常见的信号装置有转向灯、制动灯、示廓灯、驻车灯、指示灯、危险报警闪光灯等。

五、仪表和报警装置

1. 汽车仪表的作用

在汽车转向盘前方仪表盘上装有各种仪表,如电流表、机油压力表等,可为驾驶人提供车辆工作状况的有关信息,使驾驶人能够通过仪表装置,及时查看发动机及汽车运行的各种参数,及时发现异常情况,确保汽车运行安全。

2. 不同的仪表装置

(1)电流表:串联在充电电路中,用来指示蓄电池充电或放电的电流值,同时还可以监视充电系统的工作是否正常。

(2)机油压力表:用来指示发动机机油压力的大小和发动机润滑系工作是否正常,由装在仪表板上的油压指示表和装在发动机主油道中或粗滤器上的传感器两部分组成。

(3)冷却液温度表:用来指示发动机水套中冷却水的工作温度,由装在仪表板上的冷却液温度指示表和装在发动机汽缸盖上的冷却液温度传感器两部分组成,二者用导线相连。

(4)燃油表:用来显示油箱内燃油的含量,由装在油箱内的油量传感器和油量指示表组成。

(5)车速里程表:用来指示汽车行驶速度和累计汽车行驶里程数,由车速表和里程表两部分组成。

(6)转速表:用来检查调整发动机,监视发动机的工作状况,更好地利用经济时速。

3. 汽车报警装置的作用

汽车报警装置通常安装在仪表板上,在灯泡前有滤光片,以使灯泡发出不同颜色的光。滤光片上刻有各种符号,以显示其功能。

常见的汽车报警装置如图 3-14-2 所示。

六、辅助电器

现代汽车除了前面所述的电气设备外,还有一些辅助电器,如电动刮水洗涤器、电动车窗、电动座椅等。随着汽车的发展,现代汽车的辅助电器所占的比例将越来越大,性能也将越来越完善,为驾驶人和乘客提供良好的工作条件和舒适安乐的行车环境。

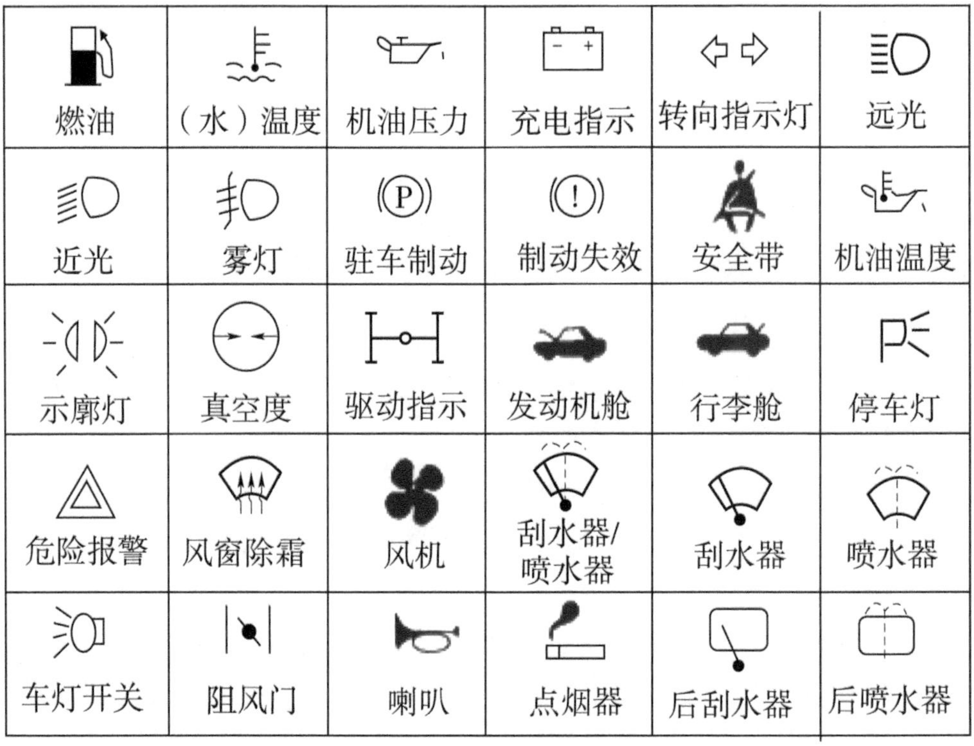

燃油	(水)温度	机油压力	充电指示	转向指示灯	远光
近光	雾灯	驻车制动	制动失效	安全带	机油温度
示廓灯	真空度	驱动指示	发动机舱	行李舱	停车灯
危险报警	风窗除霜	风机	刮水器/喷水器	刮水器	喷水器
车灯开关	阻风门	喇叭	点烟器	后刮水器	后喷水器

图 3-14-2　常见的汽车报警装置

1. 刮水器和洗涤器

汽车刮水器的作用是在雨天、雾天、雪天、尘埃严重情况下刮除前风窗玻璃上的污渍。现代汽车均使用电动刮水器。

在汽车上,刮水器和洗涤器这两个辅助电器由同一个电路、同一个开关来控制。

电动刮水器由刮水电动机、传动机构、刷架、刮水片和一套控制装置组成。其传动机构采用连杆机构,并设有多个球头活节,使得转动和换向非常灵活。

刮水电动机为永磁式,设有 3 个电刷来达到变速的目的。

2. 电动车窗

电动车窗也称自动车窗,玻璃升降器由电力驱动,其操作简单、可靠,得到广泛应用。电动车窗由车窗玻璃、直流电动机、传动机构等组成。

(1)车窗玻璃。

(2)直流电动机:每个车窗一个,都可双向转动。

(3)传动机构:也称玻璃升降器,常用的传动机构有交叉臂式、齿轮齿条式、绳轮式 3 种形式。

(4)控制开关:由总开关与各车窗的分开关组成。

3. 电动座椅

1)电动座椅的定义

若汽车座椅的空间位置调整是通过电力驱动实现的,则该座椅称为电动座椅。

2)电动座椅的分类

(1)两方向的电动座椅:有1个电动机。

(2)四方向的电动座椅:有2个电动机。

(3)六方向的电动座椅:有3个电动机。

(4)八方向的电动座椅:有4个电动机。

3)电动座椅的组成

各种形式的电动座椅均由电动机、传动机构及开关组成。

4. 电动门锁

1)中控门锁的功能

(1)将左前门锁止时,另外3个车门和行李舱门同时锁止。

(2)将左前门开锁时,另外3个车门和行李舱门同时开锁。

(3)按下门锁总开关的锁止开关时,另外3个车门的独立开关将不起作用。

2)中控门锁的组成

中控门锁由门锁总开关、门锁执行机构和门锁控制器组成。

(1)门锁总开关:在左前门上装有门锁总开关,驾驶人可通过操纵此开关,实现其他三个车门和行李舱门将同时锁止或打开;其他3个车门上单独设置有分开关,独立地控制1个车门。

(2)门锁执行机构:是驱动门锁动作的机构,由直流电动机和一套连动杆件组成,电动机可正转也可反转,通过连动杆件控制门锁动作,完成开锁和闭锁任务。

(3)门锁控制器:是为门锁执行机构提供脉冲电流的装置。

3)自动门锁

自动门锁是指门锁带有自动闭锁系统,当车速升到某一规定值时,自动闭锁系统将自动锁好车门,即使按动开锁开关,门锁也不能开启。当车速降至某规定值时,自动闭锁系统将自动解除控制,此时按下开锁开关,门锁才能开启。

在自动门锁控制电路中,加装了一个车速传感器,通过自动闭锁控制器对电动门锁进行集中控制。

七、汽车电子控制系统

电子技术的飞速发展和汽车相关法规的建立是推动汽车电子装置应用和发展的两大主要因素。

汽车电子控制系统是指利用微电脑控制的各个系统。

汽车电子装置在发动机上的应用于电子点火系、电子控制燃料供给系统。汽油机电子控制装置除能完成一般的电子控制汽油喷射装置的起动喷油量控制、伺服喷油量控制、暖车工况控制外，还能实现空燃比反馈控制、点火时刻控制、排气再循环和二次空气供给控制、怠速控制等。柴油机电子控制装置能够使柴油机在各种工况下都能得到最佳的喷油量和喷射时刻，因此不仅明显地改善了柴油机的燃油经济性，还使排放和噪声得到进一步改善。

一般认为，发动机电子控制装置的节能效果在15%以上。

汽车电子装置在底盘上的应用于自动变速器、电子变矩器、电子分动箱、电子差速器、防抱死制动系统、驱动防滑系统、半主动悬挂系统、电动转向器等。

通信、娱乐、乘坐舒适、导向等方面电子装置，如蜂窝车载电话、自动空调、大型客车的影视音响设备等。

汽车仪表及行车信号的电子装置，如微处理器控制的屏幕集显示型仪表、人机对话的语言合成器、前照灯自动变光系统、电子转向闪光信号灯、制动信号电子监视等。

保证安全性的电子辅助装置，如安全气囊、行驶动力学调节系统、自诊断系统等。

采用电子控制系统，可以使汽车上的各个系统均处于最佳工作状态，达到提高汽车动力性、经济性、安全性、舒适性，降低汽车排放污染的目的。

八、控制配电装置

控制配电装置的作用是保证供电用电的安全。常见控制配电装置有继电器、电路开关、保险装置、中央接线盒、电线束、插接器等。

各种汽车的电气设备虽然种类繁多、结构不同、形式多样，但它们却有着一些共同的特点：两个电源、低压直流、并联单线、负极搭铁。

汽车上的电能供给由蓄电池和发电机两个直流电源完成，供电电压为12V或24V。汽油发动机的汽车上电系电压普遍为12V，柴油发动机的重型汽车上多为24V。

汽车上的电器与电源间多为一条导线连接,另一条导线用汽车底盘或发动机的金属体来代替。现代汽车基本上都采用这种单线制方式。汽车上有些部位没有方便的金属机体,在这些地方则还需采用双线制。汽车采用单线制后,电源的一端及用电设备的一端必须与金属机体相连,这样的连接称为搭铁。

活动展示

教师审核视频,学生以小组为单位在自媒体上展示。

活动评价

本活动的活动评价表见表3-14-2。

活动评价表　　　　　　　表3-14-2

评分项 (占比)	是否达到目标 (30%)	活动表现 (40%)	职业素养 (30%)
评价标准 (占比)	(1)完全达到; (2)基本达到; (3)未能达到	(1)积极参与; (2)主动性一般; (3)未积极参与	(1)大幅提高; (2)略有提高; (3)没有提高
自我评价(20%)			
组内评价(20%)			
组间评价(30%)			
教师评价(30%)			
总分(100%)			
自我总结			

项目四 汽车检测与维修专业学习成长规划

任务一 学习榜样

任务目标

(1) 了解优秀毕业生的成长经历,并可以向同学分享榜样的优秀品质,能制订学习榜样、提升自我的具体方案。

(2) 学会自我深度剖析,树立向榜样学习的意识,发现自身问题,找到与榜样的差距。

(3) 在学习榜样的过程中,思考今后想成为什么样的行业人才。

任务内容

活动:我与榜样的差距

活动:我与榜样的差距

活动场景

通过学习榜样的优秀事迹,自我分析,找出与榜样的差距。

活动目标

能发现自身问题并找出与榜样的差距。

活动计划

(1) 分组,确定职责。

组长：_____　　　记录员：_____
资料员：_____　　安全员：_____

（2）组内讨论各自成员与榜样的差距。
（3）推选出一名同学做组间交流发言。

活动资源

我身边的榜样之一——陈瑞强

出生于日照农村的陈瑞强（图4-1-1），深知生活的艰辛，贫寒的家境让他显得比同龄人更加成熟。2010年顺利完成初中学业后，他选择了到山东交通技师学院继续学习，为的就是掌握一门技术，能够早日参加工作。在校期间，陈瑞强显得比其他同学更为努力，他知道唯有用功学习，学好本领，才是改变自己命运的唯一出路。而正是这样的选择，让他打开了命运的另一扇窗。通过优秀技能学生选拔，年仅16岁的陈瑞强表现优异，脱颖而出，成为学校重点培养的竞赛苗子。他倍加珍惜学习机会，更加刻苦用功地钻研专业技术，几乎把所有的时间都用在了学习和操作上。2016年7月，陈瑞强因练就一身过硬的专业技术而留校任教。在这几年的求学生涯中，陈瑞强始终刻苦钻研，多次在各级技能大赛中获奖。

图4-1-1　陈瑞强

成绩的取得离不开勤学苦练。他每天6点起床跑步锻炼体能，8点一定开始训练，是实训室中来得最早和走得最晚的人。除了吃饭、睡觉，他一天训练时间超过13个小时。机会总是留给有准备的人，2012年陈瑞强参加临沂市职业院校技能大赛，荣获汽车运用与维修项目第一名。

成绩的取得不但没有使陈瑞强骄傲，反而给他带来无限的动力。他更加积极地投入技能比赛训练中，在迎接大赛的日子里，训练车间每天被陈瑞强的脚步唤醒，而夜幕降临，陈瑞强操作的声音，成了整栋楼里最孤独的坚持。不论寒暑，陈瑞强包裹着厚重严密的工作服，一进车间，只专注汽车故障检修。他把小事情做到极致，追求完美，从早上训练到晚上，就是想让自己的专业技术精益求精。

比赛需要强大的体能储备。为了锻炼自己的体能，陈瑞强每天会到操场跑

10多圈。想要在高手如林的技能大赛上获得冠军，拥有充沛的体力、强大的技术还不够，更要在操作时做到心静如水，经得起任何的干扰。日复一日，成千上万次的操作，枯燥单调的重复，他不是没有想过放弃。每次遇到瓶颈的时候，想起国家、学校的培养，想起自己走到这一步的艰辛和不易，他又充满斗志。2014年，陈瑞强参加全国交通教育系统院校师生技能竞赛获得汽车专业第一名，同年获得"山东省技术能手"称号。2016年，他荣获临沂市"振兴沂蒙"劳动奖章。

陈瑞强希望带动更多有理想、有志向的年轻人，通过学得一门过硬的技术改变自己的命运。

"希望自己的学生能像我一样，通过技能改变人生。成功没有捷径可以走，大部分时间，我们都在日复一日重复自己单调的工作，要沉得住气，耐心钻研，坚持在自己的领域尽力做得更好，就会有成功的那一天。不懈奋斗，技能成才！"陈瑞强说。

我身边的榜样之二——任涛

任涛是山东交通技师学院2008级技师班学生，现任临沂远通丰华上汽大众4S售后服务经理（图4-1-2）。

任涛出生于临沂市一个农民家庭。2008年高中毕业后，他也曾彷徨过，曾经想像同龄人一样出去打工，但是他却发现自己没有任何技能，根本找不到合适的工作，于是他决定学一门技术。通过各学校间的对比，他来到了山东交通技师学院学习汽车维修。由于家境一般，懂事的任涛希望学得一技之长，早点赚钱，为家庭分忧。

图4-1-2　任涛

兴趣是最好的老师。入读汽车维修专业不久，老师很快发现这个男孩的与众不同之处。他有一股韧劲、一股不服输和打破砂锅问到底的倔强。在校期间，他的眼睛里仿佛总有很多疑问，脑子里仿佛总有很多思虑。他跟老师认真学习每一个技术操作，仔细琢磨工具的使用和汽车故障原因。

在很多同学和老师眼里，任涛是一个活泼的大男孩，学习上，他目标明确，态度端正，积极思考，努力上进。无论是理论课还是实践课，遇到难题他一定自己刻苦钻研，或向老师和同学请教，直到弄懂为止。每天实训室里都能看到他的身影，同学们称他是"实训小王子"。他对专业技术的痴迷，甚至到了一种"忘我"的境界，常常为了一个问题彻夜难眠。正是凭着这股子肯钻研、勤学苦练、精益求精的劲头，他在2009年临沂市举办的劳动之星技能大赛上荣获第三名。同年7月，他又因成绩优秀，被临沂佳轮汽车销售服务有限公司挑中实习。

在4S店实习期间，他从最基本的学徒工做起。他深知，要想学习这一门专业，必须具有较强的实际操作技能，要勤于动手，熟练操作，切实掌握实际操作技能，同时还要勤于思考，要把在学校学到的理论与实际维修相结合，并不断归纳、总结维修经验。学徒期间，他学到了很多实际的技术和操作经验，他的整体技术有了很大的提升。他始终相信勤能补拙，早上他第一个来到车间，整理车间工具设备、清洁车间卫生，晚上他总是最后一个离开车间，寒来暑往，风雨无阻。一年半后，他成为班组长。"老老实实为人，本本分分做事"是他时刻铭记的一句话，这是一个人立足社会的根本。拥有良好的职业素质和职业操守，将个人的职业生涯规划与企业的发展紧密结合，使他在4年的汽车维修职业经历中，从学徒工历任班组长到车间主任，并且拿到了一汽-大众认证的高级技师资格证书。

秋风春雨年复年，酷暑寒冬日复日。时光荏苒，一晃就是十多年。任涛在企业中任劳任怨，默默奉献，因为当一个人以一种特殊的感情爱上他所从事的职业之后，他就会以一种特殊的方式锲而不舍地去追求、去创造，在他的事业中寻求自我的价值。十几年来，他以"干好本职工作就是人才"为目标。今后，他将继续他的坚持。

三百六十行，行行出状元。无论干什么工作，都不是轻松而简单的，在工作中只有自己多动手、动脑，才能精益求精地干好。

有付出才有回报，有工作才有快乐。十几年来，任涛多次被评为公司先进工作者、先进班组长，2018调任远通丰华上汽大众4S店服务经理。

任涛曾说过："我知道干我们这行需要真技术，并且还要不怕苦、不怕脏，才能成为真正的技术人才，可是每当我看见师傅一个个身着的油装，双手油黑，一天从早干到晚，如此辛苦，我自己却有点退缩了，不过既然我选择这门专业，我就一定要干好才行。虽然中途也想过要放弃，但我还是坚持下来了，刚实习的时间已过去了很久，但是现在回想起来还是那么记忆犹新，就好像是刚结束，现在的我对汽车维修这门行业已经产生了极大的兴趣。"

在这个劳动光荣、技能宝贵的时代，要坚信技能一定能成就未来精彩的人生，用自己的坚持、刻苦和钻研精神，为自己拼搏出一片蓝天，实现自己的人生价值。

我身边的榜样之三——纪伟

纪伟多次获得上汽通用北盛汽车部门级、公司级先进员工、优秀员工,市百千万技能大赛技术标兵,全国第三届乘用车汽车装调职业技能大赛技术能手,市劳动模范,山东省"五一劳动奖章",盛京大工匠、首批辽宁工匠等一系列殊荣。

有人叫他"神奇修理工",可以诊治汽车的各种"疑难杂症";也有人叫他"创新大王",他的10余项技术创新成果,累计为企业节约资金500余万元。这所有的一切靠的是勤奋踏实,刻苦钻研。

1. 勤奋刻苦,练就返修工段的多面手

从小在农村长大的纪伟凭着对汽车的喜爱,于1998年报考了辽宁省交通工程学校汽车运用工程专业,并被录取为该校的中专生。上学期间,纪伟主动去修理厂实习,但是却找不到实习单位,他只能在学校附近的汽车修理店当勤杂工。在此过程中,他接触到各种各样的汽车,他把在学校学到的理论知识和实际操作相结合,掌握了不少汽车维修技能。

毕业后,纪伟来到了4S店工作,从一名学徒工干起。虽然在汽车修理店实习的过程已经让他学习和掌握了一些汽车常见故障的修理方法,但是,第一次正式工作,纪伟也时刻告诫自己:"不能一瓶子不满半瓶子摇,在师傅面前,一定要做到不懂就是不懂,不能不懂装懂。"

2008年,纪伟已从一开始无知的小学徒,慢慢成长为技术熟练的维修师傅;从无人问津的维修工,到脱颖而出成为店里的能工巧匠。6年的修车生涯,练就了纪伟熟练的动手维修技能,而他也成为客户最为信赖的高级维修技师。为了能够追求更高的技术层次,为了能够学习到更多先进的核心技术,他来到了上汽通用北盛汽车公司,成为公司总装车间的一名返修工。

来到上汽通用北盛汽车后,为了能尽快成为合格的一员,他除了接受理论指导和技能培训外,还主动到生产线上学习实际操作流程,熟悉车间情况,尽可能多地掌握一些维修技能。而纪伟面临的最大挑战是英语水平太低。当时在中文资料非常少的情况下,如果看不懂英文资料,就无法满足返修岗位的实际需要。于是,纪伟下定决心,要重新自学英语。就这样,他起早贪黑,利用一切时间学习汽车专业英语。功夫不负有心人,经过一段时间的刻苦努力,纪伟已经能直接用英文版的车辆检测软件对产品进行测试诊断了。

"勤奋踏实,刻苦钻研"是同事们对他的评价,当有返修任务时,他第一个到现场,凑在师傅们跟前认真看操作方法;大家在工段区休息时,他向同事请教遇到的各类问题,了解解决此类问题最佳方法;每天下班,他都最后一个走,帮班长做质量检查,追踪返修任务进展情况,尽量多积累实践经验。

纪伟靠着一股子勤奋劲,踏实肯干、精益求精,仅用3个月时间就成为一名合格的返修工,而上汽通用北盛汽车总装车间培养一名合格的返修工平均时间是1年。

2. 善于钻研,造就岗位上的创新能手

在返修工段员工的眼里,纪伟更是一位经验丰富的老大哥。他做事到位、注重细节、善于钻研,又懂得创新,凭借自己丰富的经验,不断创造新技术。为了解决科鲁兹出现后排座椅操作力大的缺陷,纪伟协同几位高级技师,经过系统的分析和研究,仅用5min便完成了过去6h才能解决的问题,每车可以节省费用超过360元。

3. 技艺传承,铸就卓越团队力量

在车间的企业文化展板上,写着这样一句话:"精益制造演绎工匠精神,卓越团队铸就总装力量。"展板上明确提出,一要践行工匠之道、工匠之术、工匠之行;二要传承工匠之术、传承标杆之行。展板上所提及的,正是纪伟所做到的。

2017年初,为了让先进技术传承下去,纪伟一口气收了8个徒弟。为了带好徒弟,他还自创了一套新员工"带教五步法",对新员工进入工段后的行为养成和技能培训等5个方面,提出具体的带教方法,这不仅使新员工能够快速融入班组,扎实学习专业技能知识,还完善了人才培养模式,为维修技术的可持续发展奠定了坚实基础。

在公司举办技能比武期间,纪伟主动担任返修工段封闭训练的培训讲师,在2013年举行的上汽通用汽车返修技能大赛中,返修工段一举包揽了个人一、二、三等奖,并荣获团体冠军。

活动展示

学生以小组为单位做介绍展示。

活动评价

本活动的活动评价表见表4-1-1。

活动评价表　　　　　　　表4-1-1

评分项（占比）	是否达到目标（30%）	活动表现（40%）	职业素养（30%）
评价标准（占比）	(1)完全达到；(2)基本达到；(3)未能达到	(1)积极参与；(2)主动性一般；(3)未积极参与	(1)大幅提高；(2)略有提高；(3)没有提高
自我评价(20%)			
组内评价(20%)			
组间评价(30%)			
教师评价(30%)			
总分(100%)			
自我总结			

任务二　认识学习成长规划

(1)能够在网络、书刊上查找学习成长规划范文。
(2)根据范文,能够说出学习成长规划所包含的主要内容。

任务内容

活动:"七嘴八舌"一起说

活动:"七嘴八舌"一起说

学习成长规划是我们对学校学习生涯的一个整体规划。我们可以借鉴学哥

项目四 汽车检测与维修专业学习成长规划

学姐们的经验,更好地了解和认识学习成长规划。

在本次活动中,我会将自己认为最好的学习成长规划分享给我的小伙伴们,并认真聆听他们的心得,我们将一起认识学哥学姐们优秀的学习成长规划。

活动场景

本学期就要接近尾声了,相信各位小伙伴们都对自己的未来充满想象;对成为高年级的学哥学姐那样优秀而自信的校园风云人物而充满了期待。那么,就请各个小组的小伙伴们各显神通,收集你喜欢的学哥学姐的学习成长规划并分享给大家吧。

活动目标

(1)熟练使用现有工具检索信息(网络信息、图书馆馆藏信息等)。
(2)快速、准确地提取文章关键词。
(3)将检索到的信息介绍给小伙伴。

活动计划

1. 分工

3 名信息收集人员:_____   2 信息记录人员:_____
2 名信息处理人员:_____   1 信息分享人员:_____

2. 设备准备

_____
_____

3. 信息记录

_____
_____
_____
_____

4. 信息处理

_____
_____
_____
_____

活动资源

一、硬件及网络资源

硬件资源可从学校图书馆中查找。

网络资源可借助计算机查找。

二、优秀范文

个人学习成长规划

进入技工学校,在最初的新奇与喜悦暗淡之后,迎面而来的便是无尽的困惑与迷惘。而此时,对自己做一个认真而深入的剖析,为自己量身打造一份学习成长计划便是尤为重要的。

成长计划,换一个角度来理解,就是对我们心中的那片理想天地做一个具体执行的描绘。我们给自己的学习生活做一个较系统而细致的安排,对自己的职业生涯进行规划,为自己的梦插上翅膀。美好的愿望是根植在坚实的土地上的。从现在开始,脚踏实地,力争主动,规划我们的未来,为人生的绚烂多姿添彩。

1. 认知自我

古希腊德尔菲神庙里"认识你自己!"的箴言不仅是要唤醒人们的人文关怀,同时也指出了认识自我的意义和困难。规划未来,必须了解自我。

(1) 自我评价。我个人觉得我是一个性格开朗、有责任感的人。我有极强的创造欲,乐于创造新颖、与众不同的结果,渴望表现自己,实现自身的价值。追求完美,具有一定的艺术才能和个性,乐观自信、好交际、能言善辩、谦逊、善解人意、乐于助人、细致、做事有耐心。

(2) 我的优势。我小时候生活较艰辛,以致我对生活有更深入的认识。我并不认为生活中人们遇到挫折,是什么命运的不公,相反,它对人有一种督促作用,让人越挫越勇。人生经历一些挫折,是对人的一种磨砺,可以让人变得更坚强,对生活中的事情变得更有勇气。父母从小对我严厉的教育,使我时刻保持严于律己的生活态度。

(3) 我的劣势。过于追求完美导致我做事过于理想化,脱离实际;家庭经济基础薄弱,人脉较少。

2. 社会分析

改革开放以来，我国经济飞速发展，根据最近国务院政策，环渤海地区可望异军突起。黄骅港的建设，以其强大的吞吐吸纳作用，将带动整个环渤海地区的经济滚动前进。

我所学习的专业正是港口水利工程，鉴于黄骅港的发展前景及人员需求，就业前景相当可观。

3. 学习生活计划

一年级：端正学习态度，严格要求自己，了解学校生活，了解专业知识，了解专业前景，了解学习期间应该掌握的技能以及以后就业所需要的证书。积极参与外联部工作，培养工作能力。

二年级：通过计算机二级考试；熟悉掌握专业课知识，竞选外联部负责人，并在节假日时期进行初步的实习。

三年级：提高求职技能，搜集公司信息。参加和专业有关的暑期工作，和同学交流求职工作心得体会；学习写简历、求职信。目标应锁定在工作申请及成功就业上，积极参加招聘活动，在实践中检验自己的积累和准备。积极利用学校提供的条件，强化求职技巧，进行模拟面试等训练，尽可能地做出充分准备。与此同时，做好第二个准备——考研。

4. 求职计划

随着经济高速发展，人们的生活日益安逸，但随着工作压力的增加、生活压力的增大，以及生活方式的不合理化，人们的日常生活秩序被打乱，也就凸显出越来越多心理方面的问题，这就更加要求我们更加努力地去学习心理学知识。

(1) 毕业证书、职业资格证书，是我们求职或是创业的敲门砖，是一个公司以及一个资助者支持你和招聘人才的首要条件，因此，我们要在学校期间，拿到相关的证书。

(2) 公司招聘人才看的不仅是文凭和证书，更多的是注重个人的能力与素质。所以，我们在学校期间学习的同时，还要注重个人素质的提高和能力的培养。

(3) 对于刚毕业的学生来说，缺乏经验是一个很突出的问题，要想在众多应聘者中脱颖而出，就要在这些方面占优势，这对于自主创业也是很有帮助的。所以，我们还要在生活中积累更多的工作经验，这可以通过兼职来实现，但在其过程中，要懂得总结经验。

(4)要在三年级之前把简历制作好,留下更多的时间来找工作。

(5)要时刻关注招聘信息,积极参加招聘活动,在公司选择我们的同时也选择一个适合自己的公司。

(6)要时刻注意最新的发展动态,关注时事,了解社会,掌握自主创业的优势条件和劣势,更好地把握成功的条件。

5．总结

任何目标,只说不做到头来都会是一场空。然而,现实是未知多变的,制订出的目标计划随时都可能遭遇问题,要求有清醒的头脑。一个人,若要获得成功,必须拿出勇气,不断努力、拼搏、奋斗。成功,不相信眼泪;未来,要靠自己去打拼！实现目标的历程需要付出艰辛的汗水和不懈的追求,不要因为挫折而畏缩不前,不要因为失败而一蹶不振;要有屡败屡战的精神,要有越挫越勇的气魄。成功最终会属于你,每天要对自己说:"我一定能成功,我一定按照目标的规划行动,坚持直到胜利的那一天。"既然选择了,就要一直走下去。现在我要做的是,迈出艰难的一步,朝着这个规划的目标前进,要以满腔的热情去守候、放飞梦想,实现希望。

活动展示

展示自己了解的学习成长规划内容。

活动评价

本活动的活动评价表见表4-2-1。

活动评价表 表4-2-1

评分项 (占比)	是否达到目标 (30%)	活动表现 (40%)	职业素养 (30%)
评价标准 (占比)	(1)完全达到; (2)基本达到; (3)未能达到	(1)积极参与; (2)主动性一般; (3)未积极参与	(1)大幅提高; (2)略有提高; (3)没有提高
自我评价(20%)			
组内评价(20%)			
组间评价(30%)			

续上表

评分项 （占比）	是否达到目标 （30%）	活动表现 （40%）	职业素养 （30%）
教师评价(30%)			
总分(100%)			
自我总结			

任务三 知道学习成长规划过程

任务目标

(1) 能够在同组成员的帮助下总结自己的优缺点。
(2) 能够理顺在校期间的学习流程，并以图文的方式展示。
(3) 对自己感兴趣的职业或未来可能从事的工作有初步的了解，并向小伙伴们介绍。

任务内容

活动：挑战飞行棋

活动：挑战飞行棋

各位小伙伴们，经过了一学期的学习，大家应该基本上知道我们在校期间的学习安排了吧！大家对我们在校的生活和将来的就业应该有了一个初步的打算，现在我们就一起分享一下吧。

活动场景

各小组根据本学期所学内容，将我们每个学期要学习的课程、要举行的活动、参加的考试、技能比赛等，以时间为主线画成飞行棋棋盘，并根据自己的喜好设置陷阱,将课程目标或职业目标作为问题提问。

飞行棋棋盘画好后向全班展示,讲解玩法,然后邀请其他小组成员参加游戏。

活动目标

(1)能够说出在校期间各学年的课程设置以及各课程的目标,并制定自己的学习目标。

(2)对自己的职业有初步的打算,并能说出实现打算的方法。

活动计划

1. 分工

1 名策划人员:_____   3 名信息收集人员:_____

3 信息整理人员:_____   2 名棋盘绘制人员:_____

1 名棋盘讲解员:_____   1 名颁奖人员:_____

1 名比赛裁判:_____

2. 材料准备

_____

_____

活动资源

一、飞行棋

飞行棋棋盘如图 4-3-1 所示。

图 4-3-1

图 4-3-1　飞行棋棋盘参考图

二、职业目标达成方法

1. 面试技巧和注意事项

（1）要谦虚谨慎。面试和面谈的区别就是面试时对方往往是多数人，其中有专家、学者，求职者在回答一些较有深度的问题时，切不可不懂装懂，遇到不明白的地方就要虚心请教或坦白说不懂，这样才会给用人单位留下诚实的好印象。

（2）要机智应变。当求职者一人面对众多考官时，求职者往往心理压力很大，面试的成败大多取决于求职者是否能机智果断、随机应变，能当场把自己的聪明才智发挥出来。首先，要注意分析面试类型，如果是主导式面试，你就应该把目标集中投向主考官，认真礼貌地回答问题；如果是答辩式面试，则应把目光投向提问者，切不可只关注甲而冷待乙；如果是集体式面试，分配给每个求职者的时间很短，事先准备的材料可能用不上，这时最好的方法是根据考官的提问在脑海里重新组合材料，言简意赅地作答，切忌长篇大论。其次要避免尴尬场面，在回答问题时常遇到这些情况未听清问题便回答，听清了问题自己一时不能作答，回答时出现错误或不知怎么答的问题时，可能使你处于尴尬的境地。避免尴尬的技巧是：对未听清的问题，可以请求对方重复一遍；解释时回答不出，可以请求考官提下一个问题，等考虑成熟后再回答前一个问题；对于偶然出现的错误，也不必耿耿于怀而打乱后面问题的回答思路。

（3）要扬长避短。每个人都有自己的特长和不足，无论是在性格上还是在专业都是这样。因此在面试时，一定要注意扬我所长、避我所短，必要时，可以婉转地说明自己的长处和不足,用其他方法加以弥补。例如,有些考官会问你:"你曾经犯过什么错误吗?"你这时候就可以选择这样回答:"以前我一直有一个粗心的毛病,有一次实习的时候,由于我的粗心把公司的一份材料弄丢了,害得总经理狠狠地把我批评了一顿。后来我经常和公司里一个非常细心的女孩子合作,也从她那里学来了很多处理事情的好办法,一直到现在,我都没有因为粗心再犯什么错。"这样的回答,既可以说明你曾经犯过"粗心大意"的错误,回答了招聘官提出的问题,也表明了那样的错误只是以前出现,现在已经改正了。

(4)显示潜能。面试的时间通常很短,求职者不可能把自己的全部才华都展示出来,因此要抓住一切时机,巧妙地显示潜能。例如,应聘会计职位时可以将正在参加计算机专业的业余学习情况"漫不经心"地讲出来,可使对方认为你不仅能熟练地掌握会计业务,而且具有发展会计业务的潜力;报考秘书工作时可以借主考官的提问,把自己的名字、地址、电话等简单资料写在准备好的纸上,顺手递上去,以显示自己能够写一手漂亮的字体等。显示潜能时要实事求是、简短、自然、巧妙,否则也会弄巧成拙。

2. 面试时如何消除紧张感

由于面试的成功与否关系到求职者的前程,所以,面试时往往容易产生紧张情绪,有的大学生可能还由于过度紧张导致面试失败。紧张感在面试中是常见的,紧张是应考者在考官面前精神过度集中的一种心理状态,初次参加面试的人都会有紧张的感觉,慌慌张张、粗心大意、说东忘西、词不达意的情况是常见的。那么,怎样才能在面试时克服、消除紧张感呢?

(1)要保持"平常心"。在竞争面前,人人都会紧张,这是一个普遍的规律。面试时你紧张,别人也会紧张,这是客观存在的,要接受这一客观事实。这时你不妨坦率地承认自己紧张,也许会求得理解。同时要进行自我暗示,提醒自己镇静下来,常用的方法是大声讲话,把面对的考官当熟人对待,或掌握讲话的节奏,"慢慢道来",或握紧双拳、闭目片刻,先听后讲,或调侃两三句等,都有助于消除紧张感。

(2)不要把成败看得太重。"胜败乃兵家常事",要这样提醒自己,如果这次不成,还有下一次机会;这个单位不聘用,还有下一个单位面试的机会等着自己;即使求职不成,也不是说你一无所获,你可以分析这次面试过程中的失败之处,总结经验,得出宝贵的面试经验,以新的姿态迎接下一次的面试。在面试时,不要老想着面试结果,要把注意力放在谈话和回答问题上,这样就会大大消除你的紧张感。

(3) 不要把考官看得过于神秘。并非所有的考官都是经验丰富的专业人才，可能考官在陌生人面前也会紧张。认识到这一点，你就用不着对考官过于畏惧，精神也会自然放松下来。

(4) 要准备充分。实践证明，面试时准备得越充分，紧张程度就越小。考官提出的问题你都会，还紧张什么？"知识就是力量"，知识也会增加胆量。面试前，除了进行道德、知识、技能、心理准备外，还要了解和熟悉求职的常识、技巧、基本礼仪，必要时同学之间可模拟考场，事先多次演练，互相指出不足，相互帮助、相互模仿，到面试时紧张程度就会大大降低。

(5) 要增强自信心。面试时，应聘者往往要接受多方的提问，迎接多方的目光，这是造成紧张的客观原因之一。这时你不妨将目光盯在主考官的脑门上，用余光注视周围，这样，既可增强自信心又能消除紧张感。在面试过程中，考官们可能交头接耳、小声议论，这是很正常的，不要把它当成精神负担，而应把它作为提高面试能力的动力，你可以想象他们的议论是对你的关注，这样你就可以增加信心，提高面试的成功率。面试过程中，考官可能提示你回答问题时的不足甚至错误，这也没有必要紧张，因为每个人都难免出点差错，能及时纠正就纠正，是事实就坦率承认，不合事实还可婉言争辩，关键要看你对问题的理解程度和你敢于和主考官争辩真伪的自信程度。

活动评价

本活动的活动评价表见表 4-3-1。

活动评价表　　　　　　　　表 4-3-1

评分项 （占比）	是否达到目标 （30%）	活动表现 （40%）	职业素养 （30%）
评价标准 （占比）	(1) 完全达到； (2) 基本达到； (3) 未能达到	(1) 积极参与； (2) 主动性一般； (3) 未积极参与	(1) 大幅提高； (2) 略有提高； (3) 没有提高
自我评价（20%）			
组内评价（20%）			
组间评价（30%）			

续上表

评分项 （占比）	是否达到目标 （30%）	活动表现 （40%）	职业素养 （30%）
教师评价(30%)			
总分(100%)			
自我总结			

任务四　撰写学习成长规划

(1) 能够撰写学习成长规划。
(2) 能够熟练地介绍自己的学习成长规划。

活动：演讲比赛

活动：演讲比赛

一份好的学习成长规划，应当包含四个方面的内容：自我认知（知道自己的优势和劣势，给自己一个客观的评价）；制订学习生活计划（提前规划好未来几年的学校生活）；制订求职计划（毕业后自己心仪的工作是什么样的，自己适合什么样的工作岗位）；计划总结（为了达到目标，自己需要付出什么样的努力）。

活动场景

举行班级演讲比赛，演讲的内容为"学习成长规划"。要求参赛选手提前做好学习成长规划PPT（图文并茂）。比赛分初赛和决赛，初赛由班内各组自行组织,初赛结束后,各组推荐一名同学参加班级决赛。

活动目标

(1)能将自己撰写的"学习成长规划"配上图片做成PPT。

(2)能在规定时间内,配合PPT将自己的"学习成长规划"用普通话流利地表达出来。

活动计划

1. 分工

3~4名评委:_____　　1名主持人:_____

1名摄像:_____　　　1名拍照人员:_____

2名比赛策划:_____　1名颁奖人员:_____

1名宣传人员:_____

2. 设备准备

_____

_____

3. 制订演讲比赛策划方案

_____

_____

_____

_____

4. 制定演讲比赛评分标准

_____

_____

_____

_____

活动资源

1. 前言

生活是一种经历,也是一种体验。人活一世,珍惜自己拥有的,能使自己幸福;追寻适合自己的,亦能使自己幸福。受挫、失败、不幸和磨难,是成长的催长素,也是成熟的催熟剂。煽情的岁月掩饰不了风铃的惆怅,青涩的余音飘荡着世事的沧桑。如今的我们应用铿锵的词句点缀短暂的年华,用激昂的乐章谱写美好的明天。因为向往着美好的明天,所以一直为着心中的那个梦而奋斗。职业生涯规划,换个角度理解,就是对我们心中那个蓝图的描绘。我们对自己的职业生涯的规划,就是给自己的梦想插上翅膀。远大的理想总是建立在坚实的土地上的,青春短暂,从现在起就力争主动,好好规划一下未来。

2. 自我剖析

(1)我的兴趣。

平时喜欢看电影、漫画、听歌和看书,生活也中喜欢动动手自己做些自己喜欢的小手办、艺术品。平常放假在家和爸爸妈妈聊天,听他们话话家常,倾听父母的心声,从听的角度做一个孝顺的孩子。另外,周末和节假日的时候喜欢和朋友一起逛街、遛公园,通过行走放松自己的身心和加深与大自然的交流。

(2)我的性格。

了解我的人都知道,我虽然是个女孩子,但我是个性乐观爽朗,面对任何挫折都不会轻易认输。在困难与挫折面前无论如何跌倒,我也会拭去眼角的星点泪花重新站起来奋斗;即使压力再大,我也会抱着一份积极向上的心。乐观的我也成就了一个生活中待人爽朗的我。父母曾教导我,身为女孩也要有男孩一样的担当和勇敢!

(3)我的优势。

能干肯吃苦,这源于我的性格,是我将来学习和工作中的作风,因为我知道我是为了自己和爱我的人去拼搏,去努力;热情高涨,我对待事物并不是"三分钟热度",决定了的事情会持之以恒,竭尽全力去完成。有些事情不是看到希望才去坚持,而是坚持了才会看到希望。无论如何选择,只要是自己的选择,就不存在对错后悔;敢于尝试,不怕失败。

(4)我的价值观。

我感觉我的追求与理想都是积极健康的,以后有能力了,不会忘记报答曾经帮助过我的人,不会忘记报答社会,给弱者力所能及的帮助。

3. 环境分析

(1)家庭环境分析。

我来自一个农村家庭,家里人对我的教育很重视,同样也很期待。父母能给我鼓励和诱导,而对我的缺点、错误能恰如其分地批评指正,从而提高我的认识,使我改正缺点。但是在一些选择方面,父母都尊重我的选择,只是给我一些建议,让我认清选择。

(2)学院环境分析。

山东交通技师学院创办于 1975 年,隶属山东省交通运输厅,是一所以培养交通行业高技能人才为主,集短期培训、成人教育、技能鉴定、驾驶培训于一体的综合性国办全日制技师学院。

学院建筑面积 15 万 m^2,拥有教职工 371 余人,在校生近 1.5 万人。学院设汽车学院(含汽车应用系、汽车服务系、汽车制配系)、智能制造学院(含机械工程系、电气工程系、电力系)、商学院(含商务系、计算机应用系)、交通工程学院(含轨道交通系、航空系、学前教育系)、基础部等教学部门,开设汽车维修、数控加工、无人机、现代物流、幼儿教育、公路施工与养护、航空服务、铁路客运服务等30 余个专业。

在上级领导和社会各界的关心支持下,学院坚持"立足交通、特色办学、适应市场、服务就业"的办学理念,服务区域经济社会发展和全省交通运输行业转型升级,办学水平和人才培养质量不断提高。9 名学生进入第 44 届、第 45 届山东省集训队,3 名学生进入国家集训队,8 名学生进入第 46 届世界技能大赛山东省集训队。

学院被评为"全国文明单位""国家技能型紧缺人才培养基地""世界技能大赛中国集训基地""全国技工院校汽车专业一体化课程教学改革试点单位""全国一体化课程教学改革试点'机电设备安装与维修'专业牵头院校""山东省教学质量优秀单位""山东省技工教育特色名校""山东省教育系统先进集体""山东省技工教育先进集体"等,获得"富民兴鲁"劳动奖章。同时,学院成功获批国家高技能人才培训基地、第 46 届世界技能大赛重型车辆维修及原型制作项目山东省集训基地,被评为全省技工教育表现突出集体、齐鲁最具就业竞争力十佳技工院校等。

(3)社会环境及就业前景分析。

据公安部统计数据,2020 年全国机动车保有量达 3.72 亿辆,其中,汽车2.81 亿辆;机动车驾驶人达 4.56 亿人,其中,汽车驾驶人 4.18 亿人。2020 年全国新注册登记机动车 3328 万辆,新领证驾驶人 2231 万人。随着汽车数量的剧增,道路更显得拥挤,再加上我国新驾驶人较多,汽车碰撞、刮蹭现象也在增加。这种涨势必给汽车行业带来了不小的影响。汽车碰撞首先受损的是车身。当今汽车形态各异、色彩斑斓,加之人们爱车心切,钣金喷漆行业需求剧增、利润颇丰,从前端的汽车销售到后面的汽车维护,汽车钣金喷漆行业就业前景一片大好。

4. 职业目标规划

(1)职业规划一览表。

把职业目标分为三个规划期,即近期规划(校园计划)、中期规划(毕业后5年计划)和远期规划(毕业5年后计划),并对各个规划期及其要实现的目标进行分解,见表4-4-1。

职业生涯规划总表　　　　　　　表4-4-1

计划	时间	总目标	分目标	计划内容	备注
近期计划					
中期计划					
远期计划					

(2)具体实施路径。

一年级:尽快完成角色转变,积极参加集体活动,认真学习,掌握扎实的基础知识。除了学习之外,要积极参加集体活动和锻炼身体,身体是革命的本钱,只有拥有健康的身体才能做自己想做的事情。

二年级:积极参加社会实践活动、青年志愿者活动及社团的各种活动,提高自己的社会实践能力和人际交往能力。努力学习专业文化知识,积极参加各类活动。

三年级:做好各种考证的相关准备;考取相关证书;参与社会实践,在见习和实习中给该客户留下深刻印象。

5. 评估与调整

(1)评估内容。

职业目标评估:判断职业目标规划是否合理,若在实践中发现规划目标偏离实际,则根据实际进行实时调整。

(2)评估的时间。

先以一年为期,检验时间规划的合理性。

6. 结束语

从不回头的人,不一定是勇敢,也许是逃避;从不流泪的人,不一定是坚强,也许是无奈;从不认输的人,不一定是赢家,也许是输不起;从不失败的人,不一定是成功,也许是没事做。计划固然好,但更重要的,在于其具体实践并取得成效。任何目标,只说不做到头来都会是一场空。然而,现实是未知多变的,定出的目标计划随时都可能遭遇问题,必须有清醒的头脑。若要获得成功,必须拿出勇气,付出努力、拼搏、奋斗。成功,不相信眼泪;成功,不相信颓废;成功,不相信幻影;未来,要靠自己去打拼。

演讲技巧

演讲技巧一般有以下几点。

1. 做好演讲的准备

演讲准备包括了解听众、熟悉主题和内容、搜集素材和资料、准备演讲稿、做适当的演练等。

2. 运用演讲艺术

演讲艺术包括开场白的艺术、结尾的艺术、立论的艺术、举例的艺术、反驳的艺术、幽默的艺术、鼓动的艺术、语音的艺术、表情动作的艺术等,通过运用各种演讲艺术,使演讲具备两种力量:逻辑的力量和艺术的力量。

3. 演讲时的姿势

演讲时的姿势也会给听众某种印象,例如堂堂正正的印象或者畏畏缩缩的印象。虽然个人的性格与平日的习惯对此影响颇大,但一般而言仍有方便演讲的姿势,即所谓"轻松的姿势"。要让身体放松,反过来说就是不要过度紧张。过度的紧张不但会表现出笨拙僵硬的姿势,而且对于舌头的动作也会造成不良的影响。

4. 演讲时的视线

在大众面前说话,不可以漠视听众的眼光、避开听众的视线来说话。尤其当你走到麦克风旁边站立在大众面前的那一瞬间,来自听众的视线有时甚至会让你觉得紧张。克服"视线压力"的秘诀,就是一面演讲,一面从听众当中找寻对于自己投以善意而温柔眼光的人。

5. 演讲时的脸部表情

演讲时的脸部表情无论好坏都会给听众留下极其深刻的印象。紧张、疲劳、喜悦、焦虑、等情绪无不清楚地表露在脸上,这是很难由本人的意志来加以控制的。如果表情缺乏自信,演讲的内容即使再精彩,演讲也很容易变得欠缺说服力。

6. 声音和腔调

声音和腔调是与生俱来的,不可能一朝一夕之间有所改善。不过音质与措辞对于整个演说影响颇大。要将自己的声音清楚地传达给听众。即使是音质不好的人,如果能够秉持自己的主张与信念,依旧可以吸引听众的热切关注。说话的速度也是演讲的要素。为了营造沉着的气氛,说话稍微慢点是很重要的。

活动评价

本活动的活动评价表见表4-4-2。

活动评价表　　　　　　表4-4-2

评分项 (占比)	是否达到目标 (30%)	活动表现 (40%)	职业素养 (30%)
评价标准 (占比)	(1)完全达到; (2)基本达到; (3)未能达到	(1)积极参与; (2)主动性一般; (3)未积极参与	(1)大幅提高; (2)略有提高; (3)没有提高
自我评价(20%)			
组内评价(20%)			
组间评价(30%)			
教师评价(30%)			
总分(100%)			
自我总结			

参 考 文 献

[1] 杨建良.汽车发动机机械维修[M].北京:人民交通出版社股份有限公司,2017.
[2] 智淑亚.汽车车身结构与设计[M].北京:机械工业出版社,2016.
[3] 邱志华,张发.汽车传动系统维修工作页[M].3版.北京:人民交通出版社股份有限公司,2020.
[4] 郭忠菊.汽车底盘构造和维修[M].北京:机械工业出版社,2018.
[5] 郭碧宝.汽车悬架、转向与制动系统维修[M].北京:人民交通出版社股份有限公司,2017.
[6] 石杰绪.汽车电器构造与维修[M].北京:机械工业出版社,2011.
[7] 杨建良.汽车维修企业管理[M].北京:人民交通出版社股份有限公司,2015.
[8] 王绍乾,李新雷.职业生涯规划与就业指导[M].吉林:延边大学出版社,2019.
[9] 刘涛.中职学生安全防范与危险处理[M].北京:人民交通出版社股份有限公司,2019.
[10] 杨雪茹.汽车文化[M].北京:人民交通出版社,2013.